SLAVOJ ŽIŽEK
ZWISCHEN LACAN UND HEGEL

Dominik Finkelde

Slavoj Žižek zwischen Lacan und Hegel

Politische Philosophie
Metapsychologie
Ethik

VERLAG TURIA + KANT
WIEN–BERLIN

Bibliografische Information der Deutschen Nationalbibliothek

Die Deutsche Bibliothek verzeichnet diese Publikation in der Deutschen Nationalbibliografie; detaillierte bibliografische Daten sind im Internet über http://dnb.ddb.de abrufbar.

Bibliographic Information published by the Deutsche Nationalbibliothek

The Deutsche Bibliothek lists this publication in the Deutsche Nationalbibliografie; detailed bibliographic data are available on the internet at http://dnb.ddb.de.

ISBN 978-3-85132-946-9

Cover: Bettina Kubanek

A-1010 Wien, Schottengasse 3A / 5 / DG 1
Büro Berlin: D-10827 Berlin, Crellestraße 14 / Remise
info@turia.at | www.turia.at

INHALT

Die Psychoanalyse ist weder eine Weltanschauung noch eine Philosophie, die vorgibt, den Schlüssel zum Universum zu liefern. Sie wird regiert von einer besonderen Absicht, die historisch durch die Herausarbeitung des Subjektbegriffs definiert ist. Sie setzt diesen Begriff neu, indem sie das Subjekt auf seine signifikante Abhängigkeit zurückführt.

Jacques Lacan

Siglen

SO – The Sublime Object of Ideology, London / New York: Verso 1989 [1999].

L! / E! – Liebe Dein Symptom wie Dich selbst! Berlin: Merve 1991 / Enjoy your Symptom. Jacques Lacan in Hollywood and Out, London / New York: Routledge 1992 [2001].

SW / TK – Denn sie wissen nicht, was sie tun. Genießen als politischer Faktor, Wien: Passagen 1994 / For They Know Not What They Do: Enjoyment as a Political Factor, London: Verso 1991 [2002].

LA – Looking Awry: An Introduction to Jacques Lacan through Popular Culture, Cambridge, Massachusetts: MIT Press, 1991 [1992].

GR – Grimassen des Realen. Jacques Lacan und die Monstrosität des Aktes, Köln: Kiepenheuer & Witsch 1993.

VN / TN – Verweilen beim Negativen: Psychoanalyse und die Philosophie des deutschen Idealismus, Wien: Turia + Kant 1995 (zweite Auflage) / Tarrying with the Negative. Kant, Hegel, and the Critique of Ideology, Durham: Duke University Press 1993.

ME – The Metastases of Enjoyment: Six Essays on Woman and Causality, London / New York: Verso 1994 [2005].

PP / PF – Die Pest der Phantasmen, Wien: Passagen 1999 / The Plague of Fantasies, London: Verso 1991 [1997].

NR – Der nie aufgehende Rest. Ein Versuch über Schelling und die damit zusammenhängenden Gegenstände. Wien: Passagen Verlag 1996.

NW – Die Nacht der Welt. Psychoanalyse und Deutscher Idealismus, Frankfurt a.M.: Fischer 1998.

FT – Die Furcht vor echten Tränen: Krzysztof Kieslowski und die ›Nahtstelle‹, München / Berlin: Volk und Welt 2001.

TS / TIS – Die Tücke des Subjekts, Frankfurt a.M.: Suhrkamp 2001 / The Ticklish Subject: The Absent Centre of Political Ontology, London / New York: Verso 1999.

FRA – The Fragile Absolute, or, Why is the Christian Legacy Worth Fighting For?, London / New York: Verso 2001.

OB – On Belief, New York / London: Routledge 2001 [2007].

PD – The Puppet and the Dwarf. The Perverse Core of Christianity, Cambridge, Massachusetts: MIT Press, 2003.

KO – Körperlose Organe. Bausteine für eine Begegnung zwischen Deleuze und Lacan, Frankfurt a.M.: Suhrkamp 2005.
HRL – How to Read Lacan. London: Granta Books 2006.
P / PV – Parallaxe, Frankfurt a.M.: Suhrkamp 2006 / The Parallax View, Cambridge, Massachusetts: MIT Press 2006.
IR – Interrogating the Real, New York: Continuum 2005 [2006].
V – Violence, London: Profile Books 2008.

(Es sei darauf hingewiesen, dass die deutschen Übersetzungen vereinzelt im Text ebenso wie in der Textauswahl von den englischen Originalausgaben abweichen.)

Einleitung
»But what if …«

I

Die Werke Slavoj Žižeks erfahren seit Jahren international eine zunehmende Rezeption. Dabei ist der slowenische Philosoph besonders durch seine einflussreiche Propagierung der Psychoanalyse Jacques Lacans und deren Einführung in das Feld der Kulturphilosophie und Populärkultur bekannt geworden. Seine Texte umkreisen Fragen der Identität des Menschen und ihrer Strukturierung durch Appelle verschiedenster Art, die aus den symbolischen Netzwerken politischer und gesellschaftlicher Institutionen kommend auf das Unbewusste einwirken. Diese Appelle können exzessiver oder enigmatischer Natur sein. Entscheidend ist ihr Einfluss, den sie auf die Entfaltung der intimsten Begehren und Sehnsüchte des Menschen ausüben. Žižeks Schaffen konzentriert sich dabei besonders auf die philosophischen Aspekte von Lacans Lehre und lässt die klinischen Dimensionen der Psychoanalyse weitgehend unbeachtet. Das Besondere an seiner Lacan-Rezeption ist somit die Loslösung der Psychoanalyse aus ihrem angestammt medizinischen Rahmen. Dies hat dazu beigetragen, dass die Fragestellungen seiner zahlreichen Veröffentlichungen in verschiedensten Disziplinen rezipiert werden, neben Philosophie und Psychoanalyse auch in den Bereichen der Literatur- und Filmwissenschaft.

Und dennoch: trotz der Popularität, die Žižek erfährt, bleiben große Teile seiner Werke schwer zu durchdringen und dunkel. Ein Grund dafür mag die Philosophie Lacans selbst sein. Sie hat den Ruf – besonders was den späten Lacan der 70er Jahre betrifft – gleichzeitig überkomplex und verspielt assoziativ zu sein. Louis Althusser beschrieb sie als »intellektuelle[n] Terrorismus«.[1] Der eigentliche Grund liegt aber wohl eher in Žižeks Denk- und Schreibstil. Der Leser begegnet keinem methodischen Bauplan eines philosophischen Systems. Er trifft stattdessen auf Texte, die in immer neuen Lektüren klassischer Autoren von Kant, Hegel über Marx bis hin zu Derrida und Dennett um einen letztlich inerten, nicht assimilierbaren Kern rotieren, als wäre es ein Stück des Lacan'schen *Realen*, das nicht abzufangen ist. Um diesen Kern dreht sich Žižeks Denken in ständig neu sich entfachenden und teilweise widersprechenden theoretischen Impulsen. Aus Lacan'scher und Hegel'scher Perspektive und mit Blick auf Phänomene der Populärkultur werden dabei die ›klassischen Fragen‹ nach Wahrheit, Bedeutung, Subjekt und Objekt aus ständig neuen und oft die traditionellen Disziplingrenzen sprengenden Perspektiven erörtert.

Die folgenden Kapitel haben zum Ziel, in Žižeks Denkbewegungen Gravitationszentren topografisch abzustecken. Sie betreffen – gemäß den Kapiteln dieses Buches – seine *politische Philosophie*, seine *Metapsychologie* und seine *Ethik*. Die Verschlungenheit der Themen ist der Grund dafür, dass die folgenden Kapitel nicht immer ganz sauber voneinander zu trennen sind. Bereits die Überschriften machen dies deutlich. Ebenso sei darauf verwiesen, dass die vorliegende Arbeit keine abschließende Untersuchung ist. Zu umfangreich und reichhaltig ist Žižeks Werk, das nicht aufhört, sich weiter zu entfalten.

II

Das erste Kapitel des Buches widmet sich Žižeks Analyse der Ideologie, die ausgeht von einer an Laclau und Mouffe ausgerichteten Anerkennung der traumatischen Unmöglichkeit der Gesellschaft. Jeder Versuch einer vollständigen Symbolisierung der Gesellschaft ist ein vergebliches Experiment, die Antagonismen zu überwinden, die sie, die Gesellschaft, konstitutiv ausmachen. Sie bleibt notwendig unvollständig und ist von keinem Ort her zu dominieren. Dies schließt nicht aus, immer wieder von Neuem für die von der existierenden Symbolisierung ausgeschlossenen Partikulargruppen einzutreten und das Feld der Gesellschaft – gerade aufgrund ihrer konstitutiven Unmöglichkeit – in Frage zu stellen. Der Begriff der Demokratie hat dabei keine letzte, unhinterfragbare Gültigkeit, ebenso wie totalitäre oder planwirtschaftliche Gesellschaftsmodelle nicht für immer und ewig ausgedient haben müssen.

Das zweite Kapitel widmet sich Žižeks Theorie des Subjekts. Subjekt-Sein beschreibt er in Anlehnung an Lacan und dank eines regen Austausches mit anderen Vertretern der *Ljubljana Lacan Schule* als einen Prozess ständigen Ringens, die verschiedenen Identifikationen und Appelle zu verarbeiten, die an das Individuum von Geburt an herangetragen werden. Die Integration des Subjekts in die Identifikationsschablonen der Gesellschaft ist notwendig, um den psychotischen Wahnsinn abzuwehren und sich, zumindest vorübergehend, mit Identität(en), die notwendig ideologischer Provenienz sind, zu stabilisieren. Die Identifikation mit den Anrufungen, Appellen von Ideologien und Weltanschauungen ist eine Reaktion darauf, den Schrecken des Lacan'schen *Realen* zu domestizieren. Die Abwehr des *Realen* ist konstitutiv für die Ideologie der

Gesellschaft, ebenso wie sie notwendig für die Selbstkonstituierung des Individuums ist.

Das Subjekt ist dazu verurteilt aufgrund einer fundamentalen Exzentrizität, die Phantasmen, welche sein Begehren und seine intimsten Wünsche betreffen, immer wieder neu zu befragen. Diese Notwendigkeit lässt es nicht zur Ruhe kommen. Sie ermöglicht ihm aber auch, seine Selbst- und Weltbezüge immer wieder neu zu justieren.

Das letzte Kapitel widmet sich der Ethik Žižeks. In ihr steht seine Theorie des Aktes im Zentrum als eine sich von den Sinnstrukturen der bestehenden symbolischen Ordnung absetzende Geste politischen Exzesses. Mit dieser Theorie entwickelt Žižek ein vielschichtiges Gegenmodell gegenüber der – z. B. an der Diskursethik (Habermas), aber auch an der Theorie einer ästhetischen Autokreativität (Foucault) ausgerichteten – Vorstellung, das Subjekt könne sich mit sich selbst oder mit der Gesellschaft versöhnen. Žižek erkennt in der konstitutiven Mangelstruktur des Subjekts das nicht-kalkulierbare Potenzial, die Gesellschaft – trotz bzw. gerade aufgrund ihrer eigenen inhärenten Unvollständigkeit – immer wieder auf neue Sinnhorizonte hin zu erweitern. Žižeks Ethik des Aktes versteht sich nicht als eine transzendentale Ausnahme bzw. als Verwirklichung einer Potenzialität, die immer schon da war, sondern als quasi-transzendentaler Kollaps der Unterscheidung zwischen Wirklichkeit und Möglichkeit. Dieser Aspekt macht sie erschreckend radikal und schwer in die Tradition philosophischer Ethik integrierbar.

III

Müsste man Žižeks Philosophie in einem Satz zusammenfassen, oder – wie es im Englischen heißt – sie in einer »nutshell«, Nussschale, unterbringen, so wäre es sicher nicht falsch zu behaupten, dass seine Texte so etwas wie Einführungen sind, einen *anamorphotischen Blick* auf die Wirklichkeit zu entwickeln und sogar zu trainieren. Der Begriff der Anamorphose geht bekanntlich zurück auf die Malerei des 15. und 16. Jahrhunderts, in der perspektivisch verzogene Bildinhalte erst unter einem bestimmten Blickwinkel erkennbar werden. So wie der anamorphotisch verzogene Gegenstand erst durch das Verlassen der Zentralperspektive die Entzifferung eines Bildinhalts ermöglicht (man denke an Holbeins *The Ambassadors*), so erweisen sich Žižeks Texte oftmals wie von einer ähnlichen Bewegung geprägt. Es scheint, als ginge es ihm darum, uns durch das – sinnbildlich gesprochen – Verlassen der Zentralperspektive auf die ›Wirklichkeit‹, die uns einen angeblich ›natürlichen‹ und die Kohärenz von Politik, Philosophiegeschichte, Demokratie und Populärkultur wahrenden Blick garantiert, eine radikale Umkehr der jeweiligen *dóxa*, der jeweiligen etablierten Sinnstruktur zuzumuten. Dies leitet er oft mit den Worten »*but what if...*« ein, woraufhin in der Regel eine sich von seinen philosophischen Dialogpartnern radikal absetzende Neulektüre philosophischer Probleme beginnt.

Dieses »*but what if...*« begleitet wie ein Leitmotiv, wie eine Leitformel, seine Werke. Was Žižek dabei in der Umkehr der jeweiligen *dóxa* offenlegt, ist kein Blick auf eine »andere« Wirklichkeit, auf eine Welt des »so ist sie wirklich«. Seine Umkehrungen provozieren eher Irritationen, die das Selbstverständlichste plötzlich für einen Moment aufzittern lassen, wobei es wie aus den Kulissen, aus dem Bereich des ›Offs‹, erfasst wird. Dies betrifft sowohl philosophische Auslegungen, wenn er z.B. – gemäß diesem »*but what if...*« – Heideggers Schweigen zur Nazi-Zeit verteidigt oder die Demokratie als letztgültiges Gerechtigkeits- und Gesellschaftsmodell in Frage stellt. Ebenso betrifft es seine Analysen der Massenkultur, wenn er z.B. die geheimen und exzessiven Botschaften der Marktwirtschaft am Beispiel des von Kinderschokolade vermarkteten *Überraschungseis* interpretiert. Es geht Žižek meines Erachtens dabei nicht um einen Reflex des Provozierenwollens, der darauf beruht, sich immer von seinen Dialogpartnern absetzen zu müssen. Er vertritt eher ein Denken, das darauf zielt, die Phantasmagorien, mit denen wir unsere Wirklichkeiten (und damit auch unsere Theorien) speisen, immer wieder durch eine Re-Markierung bzw. durch den Aufweis ihrer – im Vokabular der Psychoanalyse gesprochen – verdrängten Inhalte aus ihrer Statik zu bringen. Deswegen verspürt man in Žižeks Schreibstil auch häufig eine Art von Kindlichkeit, ein nahezu kindliches Reinen-Tisch-machen- und immer wieder Von-vorn-beginnen-Wollen. Nicht selten ist er dabei harsch im Umgang mit seinen philosophischen Gesprächspartnern. In seinen Werken verbirgt sich ein entschiedener Wille, alles noch einmal neu entdecken und die Philosophiegeschichte noch einmal aus einer durch das Vokabular Lacans und Hegels getönten Perspektive interpretieren zu wollen. Man kann dies als zwanghaft ansehen oder – wie es in diesem Buch geschehen soll – apodiktisch als die ureigene Geste eines philosophischen Denkens, wie sie die Werke von Nietzsche, Marx bis hin zu Derrida prägt.

Für Chesterton war die Wiederholung charakteristisches Zeichen der Vitalität von Kindern. Sie können immer wieder dieselben Geschichten hören, dieselben Spiele spielen und sich wie beim ersten Mal daran erfreuen. Diesen Eindruck hat man bisweilen bei Žižeks Texten. Dieses immer wieder Von-vorn-beginnen-Wollen scheint ein wesentlicher Impuls seines Schreib- und Denkstils zu sein. Dies hat ihm nicht selten den Vorwurf eingebracht, sich allzu oft selbst nachzuerzählen oder sogar identische Textpassagen in mehreren Büchern abzudrucken. Was der Vorwurf vernachlässigt, so berechtigt er sein mag, ist, dass es sich selten dabei um eine Wiederkehr des Gleichen handelt. Vielmehr treffen wir auf Wiederholungen, die im Kierkegaard'schen Sinne etwas Neues schaffen, weil sie in immer neuen Anordnungen stehen.

I. Politische Philosophie

1. GNADE UND PARANOIA DER IDEOLOGIE

Žižek entwickelt vielfach seine Philosophie, indem er andere Autoren kommentiert und ihre Entwürfe und Theoreme in den Horizont seiner eigenen Fragestellungen einbindet. Das trifft mustergültig für seine politische Philosophie zu und zeigt sich bereits in seinem ersten Hauptwerk aus dem Jahr 1989, mit dem er international Aufmerksamkeit auf sich gezogen hat: *The Sublime Object of Ideology*.

Gleich zu Beginn dieses Werkes verweist er auf Chantal Mouffes und Ernesto Laclaus Buch *Hegemonie und radikale Demokratie* und erklärt, dass es ihm geholfen habe, seine politische Philosophie im Rückgriff auf die Lacan'sche Metapsychologie zu entfalten. Mouffe und Laclau unterscheiden sich von anderen Sozialphilosophen der 80er Jahre des 20. Jahrhunderts durch ihre Insistenz darauf, dass sowohl Subjekt als auch die Gesellschaft durch einen grundlegenden Mangel geprägt sind. Die Erkenntnis veranlasste sie dazu, in ihrem 1985 erschienenen Buch die These von der *traumatischen Unmöglichkeit der Gesellschaft* zu artikulieren, die Žižek in ihrer Nachfolge abwandeln und für seine Philosophie brauchbar machen wird.

Mouffe und Laclau kritisieren dabei aus neo-marxistischer Position den Totalitätsanspruch orthodox-marxistischer Theorie, die traditionellerweise durch ökonomischen Determinismus und ein nahezu essenzialistisches Verständnis »historischer Notwendigkeit« geprägt ist.

Dabei legen die beiden Autoren in ihrer *intellectual history* eine progressive Desintegration dieses ursprünglichen orthodox-marxistischen Essenzialismus dar. Sie zeigen, wie von Rosa Luxemburg bis zu Leo Trotzki bzw. von Lenin bis zu Gramsci ein – durch den historischen Materialismus genährtes – Politikverständnis in der marxistischen Elite dominierte. Dieses ging zwar aus von einem spannungsreichen Verhältnis zwischen »Kontingenz« und historischer »Notwendigkeit«, gab letztendlich aber doch der »Notwendigkeit« den Vorrang. Parallel zur Ablehnung eines essenzialistischen Verständnisses historischer Prozesse, wenden sie sich gleichermaßen gegen die Vorstellung einer essenzialistisch geprägten Klassenzugehörigkeit wie gegen den Gebrauch von Paradigmen, die als apriorische Interpretamente historische Prozesse vorhersagen sollen. Ihr Bruch mit dem, was sie als »essentialism« bezeichnen, zielt darauf, das Modell politischer Hegemonie von der Notwendigkeit eines progressistischen Politikverständnisses abzulösen, um dem von Antonio Gramsci geprägten Begriff der Hegemonie neuen Raum zu geben. Dieser steht dementsprechend für Folgendes: »that essentialism disintegrated within the field of classical Marxism [and] new political logics and arguments started to replace it.«[2] Gesellschaft besteht nicht aus einem monoperspektivisch reduzierbaren Klassenkampf, sondern aus der Artikulation einer Serie nicht versöhnbarer Konflikte.[3]

Žižek schließt sich den Fragestellungen von Laclaus und Mouffes Evaluation des Marxismus aus neo-marxistischer Perspektive an. Er setzt sich jedoch besonders dort von ihnen ab, wo er diese Evaluation sehr viel expliziter mit dem begrifflichen Instrumentarium Lacans ausarbeitet und die Elaborierung einer Lacan'schen Erkenntnislehre beginnt, die als metapsychologische Ontologie sein ganzes philosophisches Denken prägen wird. Dies betrifft besonders seine Anmerkungen zum Begriff der Ideologie; ein Begriff, der in immer neuen Abwandlungen sein Werk beherrscht und daher hier als Einstieg in Žižeks philosophisches Werk dienen soll.

Žižek weist darauf hin, dass Ideologie oftmals – sinnbildlich gesprochen – wie eine Brille angesehen wird, die mit einer bestimmten Verzerrung und Tönung dem Ideologen auf der Nase sitzt. Jemandem vorzuwerfen, einer »ideologischen Sichtweise« anzuhängen, impliziert den Glauben, dass der Mensch ohne diese ›Brille‹ besser auf die Wirklichkeit schauen könnte. Worauf Žižek in Anlehnung an den Strukturalisten des französischen Neo-Marxismus, Louis Althusser, hinweist, ist der Umstand, dass Ideologie weniger mit einer Brille, vielmehr – im übertragenen Sinne – mit unserer Netzhaut zu tun hat. Nicht die ›Hardware‹ ist das Problem, die Brille, sondern die Art und Weise, wie das Subjekt als leiblich-geistiger Organismus Wirklichkeit immer bereits vorstrukturiert, bevor es überhaupt etwas *als etwas* identifiziert. Wie man sehen kann, birgt das Problemfeld der Ideologie sehr viel ältere Fragestellungen, die sich auch schon in der klassischen Philosophie gezeigt haben, besonders in der Bestimmung des Verhältnisses des Menschen zu der ihm gegenüberstehenden Welt, nenne man sie »res extensa«, Welt der »Erscheinungen« oder »Lebenswelt«. Die Metapsychologie Freud'scher und Lacan'scher Provenienz schließt sich dieser Tradition in der Elaborierung ihrer Begriffe an, d.h. der Frage, wie das Verhältnis des Subjekts zur Außenwelt vor dem Hintergrund verschiedener Tiefenschichten der Identität begrifflich gefasst werden kann. So sah sich Freud explizit in der Tradition Kants, wenn er die psychoanalytische Entdeckung des Unbewussten mit der *kopernikanischen Wende* verglich und dabei indirekt auf Kants berühmte Vorrede zur zweiten Auflage der *Kri-*

tik der reinen Vernunft verweist. Das Subjekt ist nicht mit dem Innenraum einer *Camera Obscura* vergleichbar, mit anderen Worten es ist keine Projektionsfläche der Außenwelt. Es erweist sich eher, wie es Lacan ausdrückt und wie wir in den folgenden Kapiteln noch von verschiedenen Perspektiven her beleuchten werden, als der nachträgliche Effekt eines Verhältnisses zwischen einem – mit exzessiven Gebärden durchsetzten – leiblich-geistigen Organismus und einer sich als resistent aber nicht minder exzessiv erweisenden Außenwelt. In diese versucht das Subjekt sich zu situieren, ohne dabei jedoch seinen natürlichen Platz, seine heimelige Stelle im symbolischen Ganzen bzw. der politischen/ideologischen Ordnung zu finden.

So wenig wie der Mensch einen Gedanken hat, zu dem er sich die passenden Worte sucht, so wenig gibt es eine Wirklichkeit, zu der man sich die passende Ideologie auswählt. Ideologie ist immer schon dort am Werk, wo wir Wirklichkeit ›nur‹ zu beobachten wähnen. Wir sind in die Tatsachen hineingeschrieben, bevor wir glauben, die Tatsachen etikettieren zu können. Die Umstände haben uns demnach immer zu ihren *eigenen* Umständen gemacht. Das heißt nicht, dass wir restlos dem Determinismus verfallen oder Gefangene von Fakten sind. Es heißt vielmehr, dass es keinen Ort jenseits der Beschreibung gibt, der uns erlauben könnte, die Wirklichkeit in ihrer vermeintlichen Natürlichkeit zu erkennen.

Ideologie ist als Einflussbereich des Lacan'schen »großen Anderen« (A) gleichzeitig *in uns*, wie sie *um uns* ist. Wie sich zeigen wird, geht es in vielen von Žižeks Werken immer wieder um das Herausarbeiten dieser Umstände, da sie unseren Alltag wie kein anderes Moment bestimmen: es geht um die Offenlegung, wie Realität nicht Fiktion/Virtualität gegenübergestellt werden kann, sondern selbst immer schon durch Prozesse der Phantasmagorisierung alimentiert, mit anderen Worten durch Fiktives und Virtuelles gespeist wird. Ein Ergebnis ist, wie Žižek schreibt, dass es immer nur sogenannte »parallaktische Blicke« gibt, die nach dem Phantasma einer »natürlichen« Wirklichkeit z.B. der Gesellschaft (als der wirklichen, natürlichen Gesellschaft) Ausschau halten, wobei sie aber immer nur um das zirkulieren, was Žižek »the gap«, die Kluft, nennt. Diese »Kluft« ist nicht als ein Ort oder als wirklich lokalisierbare Lücke misszuverstehen. Sie bezeichnet eine Nicht-Koinzidenz, die uns anscheinend immer besonders dann entgeht, wenn wir glauben, die Wirklichkeit als ganze zu umgreifen. Dahinter verbirgt sich die mit den Paradigmen poststrukturalistischer Theorie verwobene Erkenntnis, dass es keine natürliche Symbolisierung der Realität gibt und die Realität der Gesellschaft sich nur dadurch auszeichnet, dass einander sich ausschließende Perspektiven und Gesellschaftsmodelle versuchen, den Raum politischer Argumente von ihrer Perspektive her zu strukturieren oder zu ›steppen‹, wie Lacan sagt.

Politik erweist sich so für Žižek als ein Ort nicht auflösbarer Antagonismen, als »a forever postponed fulfillment to come.« Demokratie verkörpert nicht vorwiegend, wie die Diskursethik nahelegt, einen Prozess relativ unproblematischer Meinungsfindung, in dem z.B. vor dem Hintergrund einer regulativen Idee der »idealen Kommunikationsgemeinschaft« notgedrungen das bessere Argument siegt. Sie ist stattdessen der antagonistische, nie harmonisierbare und deswegen immer wieder traumatisierende Kampf um das Vorrecht, im Bereich des Politischen (der immer ein *virtueller* Raum bleibt) die *Tatsachen* zu definieren. Das Verhältnis zwischen der symbolischen Ordnung und den potenziellen Differenzen, die z.B. in einem politischen Wettstreit verschiedener Parteien ausgetragen werden, ist dabei immer schon instabil, da es immer einen permanenten *Exzess* potenzieller Bedeutung gibt, der sich in den politischen Diskursen ausdrückt und *a priori* nicht harmonisiert werden kann. Wie Mouffe und Laclau interpretiert Žižek dabei Kontingenz (die Kontingenz geschichtlicher Ereignisse) als eine ganz von historischer Notwendigkeit abgelöste und exzessiv zu begreifende Größe, die kontinuierlich unserem Verständnis des Notwendigen selbst Widerstand bietet. In diesem Sinne reformuliert er den Begriff Althussers der »Überdeterminierung«. Dieser Begriff steht nicht mehr für eine kausale Begründung, sondern für einen Exzess nicht assimilierbarer Signifikation.

Während für einen Marxisten Anfang des 20. Jahrhunderts die russische Oktoberrevolution noch im sokratischen Sinne Hebamme für eine zeitlose ewige Wahrheit war, beruht für Žižek ihre Wahrheit in der Autorität, mit der sie ihre eigenen Bedingungen setzte. Die Wahrheit der Oktoberrevolution liegt nicht in einer historischen Notwendigkeit, sondern darin, dass es ihr gelang, sich – mit den Worten Alain Badious – »zu ereignen«, d.h. in einem politischen Kampf Tatsachen zu schaffen, die sie *après coup* historisch rechtfertigten. In diesem Sinne ist Žižeks Lenin-Apologie zu verstehen. Sie hat nicht wenige Irritationen, besonders in Deutschland, ausgelöst. Žižek versteht den führenden Initiator der Oktoberrevolution als politisches Subjekt, das historische Notwendigkeit nicht mit der Ankunft historischer Rahmenbedingungen gleichsetzt, sondern das Risiko verkörpert, in einer dem politischen Subjekt paradoxerweise *vorausgehenden* Dezision selbst zu definieren, was als Umstand zu gelten hat. Auf die genaue Form und Struktur einer solchen paradoxen Dezision werden wir später im Zusammenhang mit Žižeks Theorie des Aktes noch ausführlicher eingehen.

DIE LEERE/LEHRE DES HERRENSIGNIFIKANTEN

Wie eingangs erwähnt, verstehen Laclau und Mouffe die Gesellschaft vom traumatischen Moment ihrer Unmöglichkeit her. Dabei untersuchen sie, welche Rolle das Moment der Unvollständigkeit spielt, durch den der einzelne politische Diskurs in seinem Konsensbestreben betroffen ist. Da es trotz seiner teleologischen Grundstruktur immer etwas *außerhalb* von ihm gibt, ist jeder von diesen Diskursen immer durch dieses *Außen* bedroht und somit nur eine halb-stabile Sinnstruktur in einem Feld, das nicht durch die Überführung in einen Status der Natürlichkeit und Harmonie transformiert werden kann. Was uns die in der Tradition Saussures, Derridas und Foucaults stehende Theorie jedoch nicht unmittelbar erklärt, ist, wie es *überhaupt* Bedeutungen gibt. Laclau und Mouffe weisen auf diesen Widerspruch hin, wenn sie schreiben: »Even in order to differ, to subvert meaning, *there has to be a meaning.*«[4] Wie aber ist nun diese Bedeutung zu verstehen? Wie kann sich »meaning« überhaupt konstituieren, wenn der Diskursbereich nur Negativfeld aus Differenzstrukturen und daraus sich etablierender Effekte ist?

Dass dies im Diskursfeld der Politik (und nur um dieses geht es hier vorerst) möglich ist, betrifft wesentlich das, was Laclau den »empty signifier« und Žižek mit Lacan den Herrensignifikanten bzw. den »point de capiton« nennt. Lacan entwickelte seine Theorie des »point de capiton« unter anderem in seinem dritten Seminar über *Die Psychosen* aus dem Jahr 1955-56. Dort analysiert er in Auseinandersetzung mit Saussure, wie Zeichen ihre Bedeutung aus einer negativen Abgrenzung zu ihrem Umfeld erfahren. In dem Netz von Zeichenträgern gibt es, Lacan zufolge, aber nicht nur das Netz gleichbleibender Differenzen, sondern es gibt bestimmte Zeichenträger, »points de capiton« (Stepppunkte), die sich von anderen absetzen und als solche absolut entscheidend sind für die Organisierung und »Regierung« der Dynamik des Zeichensystems. Dies betrifft, und deswegen benutzt Lacan Saussures Ausführungen, die menschliche Psyche als Ganze. Lacan interpretiert seine Theorie vom »point de capiton« ursprünglich am Beispiel der Neurose in Gegenüberstellung zur Psychose. Er weist auf, inwiefern die Stepppunkte den Signifikantenfluss, d.h. das Zirkulieren von Bedeutungsträgern, zumindest zeitlich, unterbrechen und notwendig sind dafür, dass eine Person einen physiopsychologischen Status der »Normalität« etablieren und, falls dies nicht passiert, in eine Psychose abrutschen kann.

Der »Stepppunkt«, der bei Lacan maßgeblich die Identität des Subjekts strukturiert, organisiert bei Laclau und Žižek den politischen Diskurs. Der »empty signifier« erweist sich als ein Zentrum, welches Laclau und Mouffe auch den »nodal point« nennen. Es ist ein privilegiertes Element, das verschiedene Sinnformationen bzw. politische Diskurse zusammenbinden kann. Dieser Prozess des Zusammenbindens gelingt, weil paradoxerweise ein bestimmter Sinn aus diesem Prozess der Sinnkonstituierung selbst *ausgeschlossen* werden muss. Die Leere, der Ausschluss, wird zum konstitutiven Moment der Sinngenerierung. Aufgrund der Leere kann der »empty signifier« Sinnelemente auf sich und damit untereinander vereinen, die sich ohne ihn – ohne seine Position – ausschließen müssten.[5] Einer relativen Autonomie der symbolischen Ordnung liegt, wie Žižek schreibt, damit das Prinzip zugrunde, »dass es in jedem Bedeutungsfeld einen zusätzlichen / überschüssigen Signifikanten geben muss, wenn dieses Feld ›totalisiert‹ werden soll, einen Signifikanten, der dem, was sich nicht wirklich in dieses Feld einfügen lässt, gewissermaßen eine positive Gestalt verleiht.« (FT, 57) An der Stelle, an der »unser positives Wissen von der kausalen Verkettung versagt« (FT, 57-58), füllen wir diese Lücke mit einem »Füllsel«. Bestimmte Signifikante, die man aus politischen Diskursen her kennt, wirken daher umso mächtiger, je unbestimmter sie sind. Sie definieren »Gott«, »das Vaterland«, »die Partei«, den »Führer«, den »König« oder das »Volk« (SO, 99). Ein einschlägiges Beispiel dafür, wie ein Signifikant Bedeutung in dem Prozess seiner De-Konkretisierung und Entleerung erhält, ist der Name der polnischen Widerstandsbewegung *Solidarnosc* in den 80er Jahren. Die daran gebundene politische Bewegung von Werftarbeitern in Danzig löste eine politische Kettenreaktion der Generierung politischer Diskurse aus, in deren Verlauf sich diese sekundären und parasitären Diskurse dem ersten anschlossen. Aus den partikularen Forderungen politischer Ziele wurden dabei immer universellere Anliegen. Der Begriff fungierte als Behälter für zahlreiche nicht assimilierbare und auch im Widerspruch zueinander stehende politische Begehren. Am Ende seiner Entwicklung war er nicht mehr durch Bestimmungen definiert, sondern musste für all das einstehen, worüber sich die unter diesem Begriff eingegliederten Einzelinteressen *nicht* hatten verständigen können. Die primär notwendige Abgrenzung nach außen blendete die paradoxale und durch Aporien geprägte Innenverfassung im Zentrum des politischen Begriffs aus. *Solidarnosc* wurde eine notwendige ›noble Lüge‹ gegen den politischen Gegner: die sowjetische Staatsmacht. Wofür am Ende seiner politischen Karriere der Begriff einstand, war im wortwörtlichen Sinne reine Opposition zu einem Außenbereich. Laclau: »[A]ny concrete struggle is dominated by this contradictory movement *that simultaneously asserts and abolishes its own singularity.*« Die Negativverfassung im Inneren definierte seine politische Macht und ermöglichte die Generierung diskursiver Strukturen wie Gesprächsgruppen, Arbeitskreise, Streikkomitees, etc. Allzu konkrete Inhalte wurden zugunsten eines universellen Anspruchs zurückgehalten: den Status quo zu ändern.[6] »[T]he element which only holds the place of a certain lack, which is in its bodily presence nothing but an embodiment of a certain lack, is perceived as a point of suprime plenitude. In short, *pure difference is perceived as Identity*« (SO, 99).

Beispiele solcher Fiktionen symbolischer Fülle, die gerade als solche politische Realität gestalten, betreffen wie gesagt: »Gott«, »die Klasse«, »die Partei«, den »Führer« oder den »König«. So wissen wir, was ein König *ist*, obwohl sich dieser nur für einen König hält, weil er weiß, dass wir ihn für einen König halten. Das Willkürliche wirkt natürlich dank des Herrensignifikanten, sprich einem uns (immer schon) vorausgehenden Sinnsystem, welches wir nie – bevor wir in dieses eintraten – verifizieren konnten und das z.B. die unumstößliche Tatsache behauptet, dass der König *wirklich* ein König ist. Wie aber Žižek scherzend sagt, ist nicht nur der Verrückte verrückt, der glaubt, er sei ein König, sondern auch der König, der sich wirklich für einen König hält, ist verrückt, da er nicht das kontingent-fiktive Spiel von Kennen und Verkennen durchschaut, das ihm den Thron zuspricht. Gleichzeitig ist aber der König (ein Herrensignifikant *par excellence*), gerade *weil* er als Herrensignifikant und Platzhalter fungiert, paradoxerweise auch Garant für die »Unabschließbarkeit des Sozialen«, wie Žižek sagt. Der Herrensignifikant ist immer nur zur Hälfte Ausdruck einer despotischen Macht, die uns unterwirft und manipuliert. Gleichzeitig ist er sein Gegenteil. Er hält uns auf Distanz, da er das politische Feld, das er zu seiner Konstituierung braucht, sich niemals ganz einverleiben kann. Deshalb ist der Herrensignifikant bzw. der »point de capiton« auch nicht als transzendentales Signifikat zu verstehen. Žižek unterstreicht diesen Aspekt an der Stelle, wo er den Herrensignifikanten mit dem Lacan'schen Begriff des »objet petit a« als Synonym eines nicht stillbaren und unerreichbaren Begehrens verknüpft. »Objet petit a« sei der Herrensignifikant »anamorph« gesehen (SO, 99).

Dieser Querbezug zwischen »objet petit a« und Herrensignifikanten weist auf eine ›unmögliche Möglichkeit‹ der totalen Inbesitznahme des Feldes der die Gesellschaft strukturierenden Bedeutungsträger (Signifikanten) hin. Er unterstreicht, dass der Herrensignifikant nicht einfach als eine gewaltsame Macht zu verstehen ist, die uns nur zu gehorsamen Untertanen degradiert. Auch wenn der Herrensignifikant uns ›einschließt‹ (und uns einen Steuerbescheid schickt), gibt er uns – durch das sich in ihm verbergende anamorphotische »objet petit a« – gleichzeitig eine Distanz zu ihm: anders formuliert, die Realität, die er schafft, ist immer schon durch »objet petit a« untergraben. Es figuriert als Potenzialität einer Re-Markierung, einer Um- und Neubestimmung der etablierten *dóxa*. »Objet petit a« entgeht dem Herrensignifikanten immer als ein aufgeschobenes und unmögliches Moment, welches er zur absoluten Fülle braucht.[7] Žižek: »Das Objekt a ist jene ›Gräte im Hals‹, die unserem Bild der Realität ständig in die Quere kommt, d. h. jenes Objekt, aufgrund dessen die ›objektive Realität‹ dem Subjekt für immer unzugänglich ist.« (FT, 58-59)

Wenn daher alle Versuche, die Gesellschaft vollständig »zu steppen«, scheitern (selbst bei einem so bewährten Herrensignifikanten wie dem »König« oder dem »Kaiser«), so deshalb, weil es einen unmöglichen Ort gibt, der, ohne ein *wirklicher* Ort zu sein, immer nur auftaucht, sobald er eingenommen wurde. Gesellschaft ist nur möglich in der Verdrängung des Traumas ihrer Unmöglichkeit. Der unmögliche Ort legt offen, inwiefern sich die

Gesellschaft nie abschließen lässt, weil es sich um eine imaginäre Fülle handelt, mit der wir Gesellschaft als Ganzes betrachten. Jede Etablierung eines Herrensignifikanten schafft gleichzeitig seinen antagonistischen Gegensignifikanten mit (ohne dass ihm deswegen schon ›Sein‹ zukäme). Deshalb, so Žižek, strebt jeder hegemonistische Signifikant nach einer Art idealer Leere, obwohl auch diese das politische Feld nie ganz abdecken kann.

VERKENNUNG ALS STRUKTURMOMENT DER ONTOLOGIE

Žižek thematisiert wiederholt den »point de capiton«, um einerseits paradoxale Strukturen im politischen Diskursfeld aufzuweisen, andererseits um auf die *jeder* Sinnstruktur zugrundeliegende bzw. vielmehr inhärente Leere (*the void*) hinzuweisen.[8] Žižek behauptet dabei, dass schon Hegel auf diesen Umstand hingewiesen hat, wenn er in seinen *Grundlinien der Philosophie des Rechts* (1820) den König als ein irrationales Zentrum beschreibt, welches ein rational ausgestaltetes ideologisches Feld, den Staat, ermöglicht. »Constitutional monarchy is a rational Whole, at whose head there is a strictly ›irrational‹ moment: the person of the monarch. [...] Hegel says the same thing here as Lacan in Seminar XVII. The gap between State bureaucracy and the monarch corresponds to that between the battery of ›knowledge‹ (S2, the bureaucratic *savoir-faire*) and the *point de caption* (S1, the ›unary‹ master-signifier) who ›quilts‹ (*capitonne*) his discourse, who ›totalizes‹ it from outside, who takes on himself the moment of ›decision‹ and confers on this discourse the ›performative‹ dimension.« (IR, 127-129)[9] Und in *The Sublime Object* schreibt er: »This then is the fundamental paradox of the *point de capiton*: the ›rigid designator‹, which totalizes an ideology by bringing to a halt the metonymic sliding of its signified, is not a point of supreme density of Meaning [...] On the contrary [...] Its role is purely structural, its nature a pure performative – its signification coincides with its own act of enunciation« (SO, 99). Diese Umstände betreffen nicht nur Religion, sondern unseren Alltag insgesamt. Oliver C. Speck veranschaulicht dies treffend in einer Rezension zu Žižeks Buch *The Sublime Object*, wenn er schreibt: »›I collect Beanie Babies because they are rare. Why are they rare? Because they are collectibles.‹ Or in the worst case: ›What makes you special? I am a German! What does that mean? I have Aryan blood! Why do you have Aryan blood? Because I am a German.‹«[10] Was die Besonderheit der Beanie Babies ausmacht, ist, dass es Menschen gibt, die sie für besonders halten.

Wenn das Kind in Hans Christian Andersens Märchen *Des Kaisers neue Kleider* offen ausspricht, dass der Kaiser *keine* Kleider trägt und in diesem Ausspruch das symbolische Netzwerk einer kollektiven, durch symbolische Insignien absoluter Macht aufrechterhaltenden Verblendung zerstört, wird die Geste der Enttarnung gefährlich für alle: der ›Steppunkt‹ verliert seinen Halt und all das, was er zuvor durch seine (leere) Geste der »énonciation« (»Ich bin der ich bin«, Exodus 3:14) strukturierte, verliert die Position, von der aus die Enttarnung sich gerade noch über den Kaiser hatte lustig machen können. Das kollektive Gelächter, das der Kommentar des Kindes auslöst, könnte sich in psychotisches Geschrei verkehren, das einem der Symbolisierung vorausgehenden *Tohuwabohu* gleicht. »Aus diesem Grund«, schreibt Žižek, »ist es vielleicht an der Zeit, den üblichen Lobgesang auf die Geste des Kindes aufzugeben und es als den Prototypen des unschuldigen Plappermauls zu ergreifen, das, indem es unbesonnen ausschwätzt, was besser unausgesprochen bleibe, [...] unwissentlich und unfreiwillig die Katastrophe in Gang setzt.« (SW, 15)

Ontologie wird daher immer, wie dieses letzte Beispiel und die vorangehenden nahelegen, »durch ein Verkennen konstituiert« (GR, 112). Dies betrifft gesellschaftliche Sinndiskurse (politische Diskurse), aber auch Diskurse aus dem Bereich der Philosophie, wie Žižek in einigen kurzen Bemerkungen zu Theodor W. Adornos dialektischer Philosophie offenlegt. Wie Žižek in Anlehnung an eine Interpretation von Frederic Jameson aufweist, kommen in Adornos dialektischem Denkprozess immer wieder »vulgärsoziologische Thesen« zum Vorschein. Sie unterlaufen als explizit *un*dialektische und unhinterfragte General-Thesen Adornos Analyse und seine Methode zugleich. Die dialektische Methode braucht jedoch, so Žižek, diese Orte der Suspendierung. Die vulgärsoziologischen ›Gesten‹ gleichen den oben erwähnten ›Phantasmen‹: den Kleidern des Kaisers, da nur sie, so Žižeks These, Adorno erlauben, die dialektische Methode seiner Philosophie zu betreiben und auch voranzutreiben. Adorno *untergräbt nicht* mit diesen Sprachgesten die Form seiner Methode. Žižeks These besagt vielmehr, dass Adorno nur aufgrund dieser inneren Suspendierung, dieser Orte nicht auflösbarer Widerstände, seine Analysen konstruktiv verfolgen kann. »Der eigentliche dialektische Zugang schließt darum seine eigene Suspendierung mit ein: einen Ausnahme-Punkt, der für die dialektische Analyse konstitutiv ist.« (GR, 92) Die Phantasmagorie im Feld der Ideologie betrifft nicht nur die Gesellschaft als ›Lügengemeinschaft‹, sondern jede Sinn-generierende Struktur. Sie lässt sich bis in die Sprachgesten der philosophischen Diskurse verfolgen.[11]

Immanuel Kants berühmte Analyse des Erhabenen, die er in seiner *Kritik der Urteilskraft* darlegt, beschreibt, wie im Anblick eines überwältigenden Natureindrucks der Mensch eine Erfahrung von Schauder und Lust zugleich macht. In der Konfrontation mit dem Überwältigenden wird er sich seiner Vernunftkräfte bewusst.[12] Kant macht dabei, wie H. Böhme nahelegt, aus den letzten Rudimenten einer bedrohlichen Natur das Produkt der Imaginationskraft des Subjekts, welches sich an diesem Schrekken auch noch ästhetisch erbaut.[13] Hier interessiert uns maßgeblich das zweite Moment in der Konfrontation mit dem Erhabenen, das Moment, in dem das Subjekt nicht dem Natureindruck gegenüber die ›Waffen streckt‹, sondern sich mit seinen Vernunftkräften wie Münchhausen am eigenen Zopf aus dem Sumpf des überwältigenden und exzessiven Eindrucks herauszieht. So überlebt, sinnbildlich gesprochen, das Subjekt die Begegnung mit dem durch die Verstandeskategorien nicht assimilierbaren, exzessiven Eindruck. Es kann den *ins Innere verlagerten* Eindruck sogar noch in der Ambivalenz eines wohligen Schauders genießen. Žižek schreibt zum Begriff des Erhabenen: »[T]he feeling of Sublimity gives us simultaneously pleasure and displeasure: it gives us displeasure because of its inadequacy to the Thing-Idea, but precisely through this inadequacy it gives us pleasure by indicating the true, incomparable greatness of the Thing, surpassing every possible phenomenal, empirical experience« (SO, 203).

Wenn Žižek im Titel seines Buches *The Sublime Object of Ideology* explizit auf den Kant'schen Begriff des Erhabenen Bezug nimmt, so auch deshalb, weil für ihn der Herrensignifikant im ideologischen Feld als »empty signifier« einen ähnlichen Effekt bewirkt. Das Subjekt steht dem

Herrensignifikanten in einer eigentümlichen Spannung gegenüber. Diese markiert eine Überforderung (*toomuchness*), die paradoxerweise auch gerade mit der *Leere* des Herrensignifikanten verbunden sein kann. Hierzu gehört das von Žižek oft erwähnte und von Lacan stammende »Che vuoi?« Was will z.B. »Gott«, der »König«, das »Vaterland« von mir? Was ist meine Berufung? Was ist mein Auftrag, meine Pflicht? Andererseits markiert die Frage auch das Potential einer Gegenwehr des Subjekts z.B. durch die Haltung einer inneren Distanz als Bewahrung mutmaßlicher Integrität: »Gott ist nur meine Illusion. Ich muss mich von diesem ›Über-Ich‹ befreien!« Oder: »Wer ›Vaterland‹ sagt, soll selbst dafür sterben.« Vorerst sei hier festgehalten, dass sich Ideologie auch dort ›erfüllt‹, wo sie das Subjekt in diesem Wechselspiel von Überwältigung und innerer Distanz halten kann. Dort, wo Ideologie absoluten Glauben und absoluten Gehorsam einfordert und keine Ironie, keinen Zynismus toleriert, erscheint das politische Regime besonders zerbrechlich und nicht auf Dauer überlebensfähig.

Eine politische Ideologie hat Erfolg, wenn sie in ihren Mittelpunkt ›erhabene Objekte‹ stellt (den Führer, den König, Gott), die ähnliche Gefühle zeitigen, wie das Erhabene bei Kant: Schauder und Lust (Überwältigtsein und innere Distanz). Im Namen dieser erhabenen Objekte kann das Subjekt sogar so weit gebracht werden, sein Leben hinzugeben (für Gott, für den Führer, etc.). Dies erscheint paradox, weil die Leere des Herrensignifikanten es ja gerade unmöglich macht, vom Subjekt begriffen zu werden. Das Begreifen, Verstehen scheint aber nicht zwingend an libidinöse Quellen im Menschen anzuknüpfen, während der Verweis auf den Führer, auf Gott, etc. Massen begeistern kann. Das mag ein Grund sein, warum Demokratien sich als kriegsmüde und kriegsträge erweisen. Wer will, salopp formuliert, schon im Namen eines »Verfassungspatriotismus« (Joschka Fischer) sein Leben hingeben.

Wenn daher ein Subjekt bereit ist, für eine bestimmte Ideologie sein Leben hinzugeben, heißt das eben nicht, dass dieses Subjekt auch weiß, was am Grunde dieses Objekts für eine Wahrheit liegt. So wie für Kant die Erfahrung des Erhabenen das Subjekt dazu bringt, in seiner Erfahrung des Scheiterns der Erkenntniskräfte gleichzeitig sich als Vernunftwesen zu begründen, so behauptet Žižek, dass die Unfähigkeit des Subjekts – zu erklären, was den König eigentlich zum König macht – etwas damit zu tun hat, sich gerade diesem gegenüber als *subjectum*, als ehrenwerten Untertan zu fühlen, sprich sich durch die Abwesenheit eines Begreifens besonders tief beeindrucken zu lassen. Was politische Ideologien tun können, ist also gerade dem Subjekt zu suggerieren, dass es gerade die transzendente, undefinierbare Dimension ist, für die zu sterben sich lohnen kann. Gerade die Tatsache, dass niemand Gott gesehen hat, kann dann dazu führen, in ihm den Herrn des Universums zu erkennen, für den zu sterben das einzig Sinnvolle in einer Welt ist, die sonst nur materialistisch und durch Kontingenzen geprägt ist. Im Kampf verschiedener Ideologien stimmt daher Žižek mit der Meinung von Laclau und Mouffe überein, dass es jedem politischen partikularen Diskurs immer auch darum geht, den Punkt zu erreichen, von dem aus ein Großteil des politischen Feldes »gesteppt« werden kann (die politische Mitte). Daher muss jede Gruppe, wie Žižek behauptet, versuchen, ihre Position mit dem extrapolitischen, erhabenen Objekt zu identifizieren, dem es schließlich gelingt, dem politischen Körper ein Zentrum zu geben, sei dieses »the national interest« (Pragmatiker), die »Natur« (Ökologisten) oder »Gott« (Monotheisten, konfessionell Gebundene). Wäre die

Leerstelle, für die der Herrensignifikant steht, ausgefüllt, verlöre die Ordnung *selbst* ihre Konsistenz »und löste sich [...] auf.« (SW, 231) Dabei konstituiert die Ideologie ebenso wie die Sprache eine Totalität, ein Universum, das keine Außenseite kennt. Der »große Andere« (Gott, Demokratie, König, Amerika) muss seinen Grund selbst setzen und diesen Akt der Setzung ausblenden. Lacan: »Es gibt keinen Anderen des Anderen. Der Gesetzgeber, also der, der vorgibt, das Gesetz aufzurichten, stapelt hoch, wenn er sich darstellt als einer, der hier Abhilfe wüsste.«[14] Alles kann gesagt werden. »Die innere Spannung einer endlichen Totalität bezeugt eine Schlinge, die unsere grundlegende Stellung zur Sprache betrifft: spontan setzen wir irgendwie voraus, dass die Sprache von der ›äußeren‹ Realität abhängt, dass sie einen unabhängigen Sachverhalt wiedergibt, doch die ist immer schon durch Sprache erschlossen, durch sie vermittelt.« (SW, 231) Der Punkt ist: wir kommen nicht heraus aus dem ›wir kommen nicht heraus...‹, d.h. aus den symbolischen Formen der Sprache.[15] Wir glauben zwar, dass die symbolische Ordnung im gewissen Sinne von einer äußeren Realität abhängt, z.B. von den Göttern, einem Gesellschaftsvertrag, einem *volonté générale*, einem Ur-Parizid, das sie, die Sprache, also einen – von der symbolischen Ordnung – selbst *unabhängigen* Sachverhalt wiedergibt, doch sind diese Phantasien eines Äußeren immer schon durch das Innere, die symbolische Ordnung, vermittelt. Sie sind Ausdruck eines Wunsches des Subjekts, einen Zustand *vor* dem Sündenfall zu denken, einen Ort der Versöhnung zu konzeptualisieren, an dem das Subjekt mit dem, was es umgibt, in eins fällt. Dieser Ort bzw. Zustand ist notwendig eine Setzung *après coup*. Er ist Ausdruck der Unmöglichkeit des Subjekts, sich gegen seine eigene Unvollständigkeit nicht anders als durch Abwehr bzw.

durch die Produktion von Phantasmen (Lacan) verhalten zu können.

Und dennoch könnte man sagen, dass es Orte gibt, wo wir – wenn wir auch nicht aus der symbolischen Ordnung heraustreten können – so doch zumindest auf ihre inneren Mechanismen selbst einen kurzen Blick werfen können. Diese Orte hat Freud als erster entdeckt. Es sind die Torsionen, Unterbrechungen und Fehlläufe im System. Der Freud'sche Versprecher: Er steht für ein: »Hoppla, eine Stimme spricht.« Dies bedeutet nicht, dass wir in diesem Moment auf das Unbewusste wie auf einen klar definierbaren Bereich schauen können: es ist eher so, dass wir durch diesen »Exzess« ahnen, durch welch exzessive und phantasmatische Kulturleistung mittels Ausblendung dieses Exzesses die symbolische Ordnung aufrechterhalten bleibt.

Politische Diskurse streben danach, die oben beschriebene Leerstelle im Netzwerk der Ideologie groß zu halten, um ihre eigene Macht in Gestalt von Sinnstrukturen ausweiten zu können. Mit der »Leere« wird der »nodal point« universell in seinem Anspruch, wenn er auch nicht *komplett* universell sein kann. Er kann nur partikulare Sinnelemente vereinen. Für Žižek ist nun die Leere, der unvollständige Charakter eines jeden Diskurses, die treibende Kraft hinter dem Politischen generell.[16] Der Diskurs der Politik ist demnach der sich immer nach der leeren Sinnmitte ausstreckende Diskurs, der eine vollständige und substanzielle Identität/Entität etablieren will. Eine unmögliche Mission, und doch muss sie angestrebt werden »[towards...] the realization of a society fully reconciled with itself«.[17] In Anbetracht der Unmöglichkeit dieses Projektes stehen Antagonismen als »symbol of my non-being,«[18] als dasjenige, was den politischen Diskurs davon abhält, mit sich selbst identisch zu werden. Politik zeigt sich als unendlicher Prozess einer ewig aufgeschobenen Erfüllung. Für Žižek heißt dies gerade nicht, dass Politik vergeblich ist. Er gesteht zwar ein, dass jeder Versuch, aus dem Bereich des Symbolischen auszubrechen, nur mit dessen Wiedereinsetzung enden kann, dennoch bleibt das Ziel des politischen Aktes das Folgende: »to maintain the fundamental choice« (OB, 122). Žižek sieht daher die Notwendigkeit, immer wieder denjenigen Herrensigifikanten auszusuchen, der dem vom Symbolischen Ausgeschlossenen den Weg in den politischen Raum bahnt.

Fassen wir das bisher Gesagte noch einmal zusammen: Die Aufgabe sozio-symbolischer Ideologien (deren ›Energiequellen‹ zur Generierung und Regenerierung wir immer schon mehr sind als uns lieb ist) besteht darin, ein Höchstmaß fiktiver Idealisierungen aufrechtzuerhalten, um das oben beschriebene Trauma der »unmöglichen Gesellschaft« gering zu halten. Solche Idealisierungen, Žižek spricht hierbei auch von »noblen Lügen«, umgeben uns im Alltag überall. Sie betreffen gleichermaßen totalitäre wie demokratische Gesellschaften. Mit diesen Idealisierungen wie mit unhinterfragten Selbstverständlichkeiten zu leben, heißt verbergen, dass die Gesellschaft einen inhärenten Mangel nicht von sich weisen kann. In diesem Sinne sind Präsidentenreden zu verstehen, die eine nationale Einheit beschwören, nachdem ein Kandidat gerade mit einem minimalen Stimmenvorteil gewählt wurde. Das Trauma der Unmöglichkeit von Gesellschaft zwingt dazu, in einem versöhnlichen Ton die ›Einheit der Nation‹ performativ zu deklarieren, deren Unmöglichkeit gerade zutage getreten war. Žižek schreibt: das Ideologische ist »a social reality whose very existence implies the non-knowledge of its participants as to its essence« (SO, 21). Diese »essence« ist nicht der Moment übereinstimmender Meinungen, sondern Konflikt und Antagonismus, der in seiner Unlösbarkeit ausgeblendet werden muss, um die Legitimität der Macht und das Bild einer Gemeinschaft als ›Polis‹ aufrechtzuerhalten. Was die Metapsychologie Žižeks in der Adaptation Lacan'scher Begriffe mit Blick auf zahlreiche Phänomene zwischen Politik und Populärkultur lehrt, ist daher, dass es in der Wirklichkeitswahrnehmung und Wirklichkeitskonstitution eine Sperre gibt, einen Punkt-der-Nichtkoinzidenzen, der (paradoxerweise) die Bedingung dafür ist, dass sich Sinnstrukturen bilden. Der Begriff des Realen,[19] den Lacan besonders in seiner dritten, letzten Arbeitsphase ausarbeitet, spielt hier eine entscheidende Rolle und wird dies auch in den folgenden Abschnitten tun. Lacans Begriff des Realen darf dabei nicht mit dem verwechselt werden, was wir Realität nennen. Das Reale beschreibt das Gegenteil: eine permanent lauernde und doch nicht abbildbare Abgründigkeit, die die etablierten Sinnstrukturen bedroht und doch als Ausgeschlossenes mit-definiert. Das Reale ist nur an seinen Effekten erkennbar.

Žižeks Begriff der »Re-markierung« steht mit dem Terminus des »Herrensignifikanten« in enger Beziehung und muss aus diesem Grund an das anschließen, was wir bisher ausgeführt haben. Žižek exemplifiziert ihn unter anderem an einer Szene aus Hitchcocks berühmtem Film *The Birds* aus dem Jahr 1963. Die von Žižek interpretierte Szene wollen wir in einem Wechselverhältnis einer von Lacans Theorie des »regard« ausgehenden Analyse zum 11. September 2001 entfalten, die Louis Sass veröffentlicht hat.[20] Sie verdeutlicht die politischen Implikationen, die sich hinter diesen eventuell noch allzu abstrakt erscheinenden Formalisierungen zum Begriff des Herrensignifikanten bzw. des »point de capiton« verbergen.

RE-MARKIERUNG[21]

Hitchcocks Meisterwerk handelt bekanntlich von dem nicht erklärbaren Angriff von Vögeln auf eine idyllische Kleinstadt, Namens Bodega Bay, im Norden Kaliforniens. Aus sprichwörtlich heiterem Himmel machen sie Jagd auf Erwachsene und Kinder, sie töten und lösen bei den friedliebenden Stadtbewohnern Entsetzen aus.

Der entscheidende Angriff wird von Hitchcock in einer Schlüsselszene inszeniert, die Žižeks Interesse weckt. In ihr schaut das Publikum durch das Auge der Kamera aus der Höhe hinunter auf einen Ausschnitt der Stadt. Eine brennende Tankstelle ist zu sehen. Sie ist umgeben von Einfamilienhäusern. Der Blick, den der Zuschauer einnimmt, entspricht dem Blickwinkel der all-präsenten Kamera, die als angeblich ›objektive‹ Instanz dieselbe Rolle einnimmt wie der allwissende Erzähler in einem Roman. Nach wenigen Sekunden tauchen jedoch in diese panoramatische Einstellung *die Vögel* ein und zeigen, dass das Publikum immer schon *ihre* Perspektive, die der Vögel, eingenommen hatte (SW, 87ff.). Was diese simpel anmutende Filmsequenz für Žižek interessant macht, ist ein auch in anderen Hitchcock-Filmen diagnostiziertes Moment der Verkehrung einer Situation, in der plötzlich und unerwartet der etablierte Wirklichkeitsausschnitt sich als der von *einer anderen Wirklichkeit bereits objektivierte* erweist. Etabliert die erste Kameraeinstellung das Publikum als allwissendes Auge, das auf den Konflikt zwischen Tieren und Menschen schaut, so verkehrt sich der Ausschnitt in sein Gegenteil und zwar in der Erkenntnis, dass genau *dieser* allwissende Blick, dieser Herrensignifikant, *der Blick der Vögel selbst ist.* Der Ort, von dem aus die Welt beobachtet wurde, wird plötzlich auf sich selbst zurückgespiegelt, was den Effekt des Unheimlichen und Schreckenerregenden produziert und das Publikum, zumindest visuell, mit in den Konflikt, den der Film inszeniert, hinein nimmt. »In der [...] Einstellung aus *The Birds* wird etwa die ›objektive‹ Sicht von oberhalb der Stadt unterdrückt-und-aufbewahrt, indem sie als die ›subjektive‹ Sicht der Vögel selbst re-markiert wird. Das Ding [der Filmausschnitt, D.F.] bleibt genau dasselbe wie zuvor, doch mit einem Male verändert es völlig seine Bedeutung [...] In diesem Sinne folgt die *dialektische Umkehrung* immer der Logik der Re-Marke/Re-Markierung: Das Ding selbst in seiner Unmittelbarkeit verändert sich nicht; *was sich verändert, ist die Modalität seiner Einschreibung ins symbolische Netz.*« (SW, 88; Hervorhebung D.F.)

Wenn der Zuschauer in Hitchcocks Filmszene glaubt, die all-präsente Position der Kamera einzunehmen, macht das Auftauchen der Vögel deutlich, dass diese Position immer schon vorstrukturiert war. Demselben Effekt begegnen wir in einer berühmten Szene aus Hitchcocks

Rear Window (1954). In dieser beobachtet der Held des Films, James Steward, in einer Szene einen Mord in einem Fenster in der Häuserwand gegenüber. Plötzlich jedoch, in einem Moment der Unachtsamkeit, erfährt er sich als der *vom Mörder selbst* Beobachtete. Seine Machtposition, die sich in seinem distanzierten und angeblich nichtbemerkten Blick etablierte und ihm von seinem Fenster aus das Gefühl der Sicherheit gab, verkehrt sich und er erlebt sich plötzlich als derjenige, der immer schon vom Mörder in die Mordszene selbst mit hineingenommen wurde. Was dieser Umschlag mit dem Begriff des Herrensignifikanten zu tun hat, ist der Moment der Kehrtwende von einer dominierenden, die Wirklichkeit z.B. vom Standpunkt eines distanzierten Beobachters aus strukturierenden Position, in eine Position radikaler Schwäche und Abhängigkeit von einer anderen Position (einem anderen Herrensignifikanten). Er legt offen, dass der beobachtende Blick nie sicher sein kann, selbst Objekt eines anderen Blicks (eines anderen Herrensignifikanten) zu sein.

In seinem eindrucksvollen Artikel »Lacan and 9/11« entwickelt Louis Sass genau diesen Umschlag am Beispiel des Anschlags auf die Twin-Towers in New York am 11. September 2001. Sass unterstreicht dabei einleitend, wie die beiden Türme des ehemaligen *World Trade Centers* als symbolträchtige Orte bzw., sinnbildlich gesprochen, als phallozentrische Herrensignifikanten *par excellence* etabliert wurden. Die Aussichtsplattformen der beiden Hochhäuser auf den Dachgeschossen ermöglichten einen nahezu erhabenen Blick auf einen Horizont, der sich metaphorisch ausgedrückt wie ein nicht endender globaler Kapitalmarkt erstreckte. Die Tatsache, dass es sich zur Zeit der Fertigstellung um die beiden höchsten Häuser der Welt handelte, unterstreicht den Eindruck, dass hier der berechtigte Stolz eines Wirtschaftssystems inszeniert werden sollte, das sich als Modell für einen durch möglichst ungebremste Kapitalflüsse gespeisten Wohlstand verstand. Sass beginnt seine Analyse mit dem Hinweis, dass diejenigen, die am 11. September auf dieser Aussichtsplattform standen, sich plötzlich, ähnlich wie in den beiden gerade erwähnten Film-Sequenzen Hitchcocks, selbst als Objekt eines anderen Blickes sahen, wobei diese Kehrtwendung der Perspektive die Aussichtsplattform plötzlich auf sich selbst zurückreflektiert. Der neue Blick wurde verkörpert durch die Terroristen in den herankommenden Flugzeugen. Sass interpretiert diesen Umschlag als Einbruch des Lacan'schen Realen in die symbolische Ordnung, das – sobald es aus dem Nichts auftaucht – für eine radikale Umkehrung der etablierten Sinnstruktur steht und die Katastrophe auslöst. Es steht für einen Umsturz des Bestehenden, wobei mit einem Schlag alles in eine neue Ordnung stürzt wie nach der Drehung eines Kaleidoskops.

Konnten die Besucher der Aussichtsplattform auf dem *World Trade Center* die Welt aus der sicheren Distanz des Beobachters ›objektivieren‹, so erfuhren sie sich am 11. September geächtet durch einen, sie zu Objekten transformierenden anderen Blick. Die ›Re-Markierung‹, die sich in einem Bruchteil von Sekunden ergibt, fügt dabei im strengen Sinne der Situation nichts hinzu. Sie nimmt eher etwas weg. Sie fügt einen »Nicht-Ort« hinzu, der das angeblich dominierende Sinnzentrum, das *World Trade Center*, plötzlich als dasjenige zu Fall bringt, das etwas Fundamentales ausschließen oder verdrängen musste, um sich etablieren zu können. Dieses Ausgeschlossene/Verdrängte tritt auf und bedroht die bestehenden Paradigmen der globalen Marktwirtschaft. Dies tut es durch politisierte Gruppierungen, die sich diesem Herrensignifikanten verwehren. Re-Markierung meint daher auch immer ein Moment des ›Steppens‹, egal in welcher Reihenfolge es vonstatten geht: vom Sieg zur Niederlage oder von der Niederlage zum Sieg. »Der Effekt des ›Steppens‹ findet statt, wenn in einer plötzlichen perspektivischen Verkehrung als Sieg erscheint, was noch einen Augenblick zuvor als Niederlage wahrgenommen wurde.« (SW, 88) Wie der plötzliche Einbruch der Vögel Hitchcocks in den Blickwinkel des Zuschauers, erweist sich das plötzliche und direkte Hineinfliegen zweier Flugzeuge in die panoramatische Aussicht der Besucherplattform als Hinweis dafür, inwiefern von Anfang an etwas aus der etablierten Sinnstruktur ausgeklammert werden musste. Die auf diesen Angriff folgenden Untersuchungskommissionen (tätig zwischen 2001-2004) zeigen, wie unfassbar den politischen Institutionen der Vereinigten Staaten es erschien, nicht in der Lage gewesen zu sein, sich einen solchen Anschlag überhaupt haben vorstellen zu können (trotz einer Film- und Sciencefiction-Kultur von Katastrophenszenarien, die regelmäßig die abenteuerlichsten Angriffs-Szenarien imaginiert.) Die Re-Markierung unterstützt die These, dass jeder Stepppunkt bzw. Herrensignifikant, so hoch er auch gebaut sein möge, nie *alles sieht*. Vor jedem Sehen gibt es ein Gesehenwerden, direkt oder indirekt, mit Sympathie oder mit Hass.

ZYNISCHE INNERLICHKEIT UND ÄUSSERER GEHORSAM

Im obigen Abschnitt über »Das Erhabene im Feld der Ideologie« haben wir ausgeführt, wie Sinnprozesse sich im Diskursfeld der Gesellschaft durch bestimmte »erhabene Objekte« strukturieren und den Staatsbürger in einer Disposition der Verehrung halten (gegenüber dem König, der Nation, der Demokratie, etc.). Ebenso ermöglichen sie den Menschen eine skeptische Distanz gegenüber diesen erhabenen Objekten. Žižek zufolge avanciert nun diese innere Distanz in Gestalt des ›Zynismus‹ zu einem dominierenden, ja geradezu allpräsenten Verhaltensmuster in den etablierten westlichen Demokratien. Dabei gleicht dieser Zynismus einer modernen Version der »Verhaltenslehre der Kälte« bzw. der kalten »persona«.[22] Der moderne Zynismus verbreitet sich in einer Welt, deren Antagonismen nicht mehr als dialektische Zwischenstadien auf dem Weg in eine bessere Zukunft erscheinen, wie dies vielleicht noch zu Beginn der sowjetischen Ära der Fall war. Heute wirken die Antagonismen als nicht-lösbare Aporien in der uns umgebenden symbolischen Ordnung, die wir mehr oder weniger resigniert hinnehmen. Nach dem angeblichen Untergang der »großen Erzählungen« (Lyotard) und in Anbetracht eines Ausgesetztseins gegenüber kleinen und geradezu mickerigen Erzählungen, hat ironische, zynische Distanz zu Umgebung und Umwelt einen scheinbar tröstenden Effekt. So scheint der moderne Zyniker, wie Žižek behauptet, z.B. gegenüber einer orthodox-marxistischen Interpretation des Warenfetischismus immun zu sein. Als aufgeklärter Bürger ist er sich sehr wohl bewusst, dass die Ware keine Mysterien in sich birgt, und eine Rolex-Uhr nichts weiter ist, als ein durch Werbekampagnen aufgeladenes Statussymbol. Zugleich behauptet Žižek, dass dieses Wissen selbst noch nicht ausreicht, dem Kauf der Uhr zu widerstehen. Ja, das moderne aufgeklärte Subjekt kauft sie – wohl wissend der oben genannten Umstände – trotzdem. Žižek schreibt: »They know very well, but are still doing it.« Ebenso weiß der aufgeklärte westeuropäische Sozialdemokrat, dass er Sportschuhe aus Fernost kauft, die von nicht-sozialversicherten Arbeitnehmern hergestellt wurden. Und doch erwirbt er diese Produkte. Er kauft diese nicht, weil er sonst hungern müsste, sondern weil... ja da ist im strengen Sinne kein »weil«. Worauf wir stoßen, ist ein Kurzschluss, den man auch als Einbruch eines transphänomenalen ›Dinges‹ in den phänomenalen Bereich der Handlungsabläufe beschreiben könnte. Was er auslöst, ist eine Störung der Kausalordnungen, die verdrängt wird. Mehr aber noch als diese interessiert Žižek das Phänomen der *inneren Distanz*, die der Käufer gegenüber seinen Handlungen einnimmt, als wären sie sekundär gegenüber der eigentlichen Überzeugung, dass z.B. jeder Arbeitnehmer sozial versichert werden sollte und dass eine Rolex-Uhr eigentlich nur ein aufdringliches Statussymbol ist. In dieser Haltung einer inneren Distanz zur äußeren Handlung drückt sich das eigentliche Potential der Ideologie aus. »Cynical distance is just one way [...] to blind ourselves to the structuring power of ideological fantasy: even if we do not take things seriously, even if we keep an ironical distance, *we are still doing them.*« (SO, 33) Diese Haltung geht so weit, dass diejenigen, die in der Fußgängerzone hinter Tapeziertischen stehend Flugblätter verteilen, uns zuweilen befremdlich anmuten, eben weil sie aus voller Überzeugung und ganz undistanziert an etwas zu glauben scheinen. Diese Undistanziertheit entfremdet sie uns nahezu und macht sie zu Individuen, die man spontan erst einmal nicht allzu ernst nehmen kann.

Das innerliche Distanzhalten zur äußeren Handlung ist nicht als erster Schritt eines subversiven Verhaltens zu verstehen, das eines Tages zum revolutionären Widerstand führt gegen Ausbeutung und Warenfetischismus. Ideologie ist allmächtig und omni-präsent gerade aufgrund der virtuellen Geste einer imaginären Transgression (z.B. durch Zynismus).[23] Wie Robert Pfaller schreibt: »We can be totally integrated by ideology only if ideology itself gives us the means to transgress it in an imaginary way. Therefore, ideology seems sometimes to need a gesture of negation for it to function.«[24] Derjenige, der eine Boulevardzeitung kauft, im Glauben, eigentlich ein Leser seriöser Tageszeitungen zu sein, ist genau ein typischer Leser der Boulevardzeitung. Das heißt, wo wir der Meinung sind, unsere Integrität durch eine Distanzwahrung gegenüber der uns umgebenden, mit Antagonismen durchsetzen Umwelt aufrechterhalten zu können, bleiben unsere Handlungen umwelt- und system-konform. Dies betrifft selbst die Kierkegaard'sche Figur des »true Christian believer.« Žižek schreibt: »[...] we, finite mortals, are condemned to ›believe that we believe‹; we can never be certain that we actually believe. This position of eternal doubt, this awareness that our belief is forever condemned to remain a hazardous wager, is the only way for us to be true Christian believers: those who go beyond the threshold of uncertainty, preposterously assuming that they really do believe are not believers at all but arrogant sinners.« (TN, 247)

WARENFETISCHISMUS

Žižek bindet in seinem Buch *The Sublime Object* das Verhalten des Zynikers an Marx' Interpretation des Fetischcharakters der Ware zurück. Marx' Analyse der metaphysischen Spitzfindigkeiten und theologischen Mucken der Ware will auf eine Antwort hinaus, die mit der Fragestellung Žižeks in Verbindung steht: Was von unseren innersten Glaubensüberzeugungen findet sich außerhalb unser Innerlichkeit? Dass es etwas *dort draußen* gibt, das man ursprünglich im Innersten des Selbst wie in einem Tresor aufbewahrt glaubt, verweist auf eine fundamentale Dezentrierung des Subjekts, die Žižek in seiner Rückkehr zu Lacan in immer wieder neuen Lektüren von Texten abendländischer Philosophie begrifflich zu fassen sucht und auf die wir in den folgenden Kapiteln wiederholt zu sprechen kommen werden.

Zur Erinnerung: Marx' Analyse des Warenfetischismus und seine Beschreibung der Ware als ein mit »theologischen Mucken« ausgestattetes, geheimnisvolles Objekt, geht aus von der Frage, wie es möglich ist, dass Waren, die uns als dreidimensionale Dinge vor Augen oder in der Hand liegen, ein innerliches und nahezu unkontrollierbares Begehren auslösen können. Die Ware ist sinnbildlich gesprochen das Objekt, das sich nach *mir* ausstreckt. Das Kleid, die Armbanduhr, hat ein Auge auf mich geworfen. Man denke hierbei an die eindrucksvollen Karikaturen von J.J. Grandville, *Un autre monde*, die wenige Jahre vor dem *Kapital* entstanden sind, so als wären beide, Grandville und Marx, mit einer ähnlichen Intuition mit Blick auf das ›Eigenleben der Waren‹ begabt gewesen. Und doch weiß der Einzelne natürlich, dass die Ware nur ein Objekt ist. Marx zufolge wird die Ware zu einem geheimnisvollen, erotischen Gegenstand, weil sie, wie er schreibt: »den Menschen die gesellschaftlichen Charaktere ihrer eigenen Arbeit als gegenständliche Charaktere der Arbeitsprodukte selbst als gesellschaftliche Natureigenschaften dieser Dinge zurückspiegelt«.[25] Žižek hinterfragt diese oft kommentierte Formulierung und behauptet, dass das Eigenleben eines vom Körper vollkommen losgelösten Objektes eher damit zu tun hat, dass der Mensch selbst sein Innenleben auslagern kann. Dies machte das oben angeführte Beispiel mit der Rolex-Uhr deutlich. Auch wenn der Einzelne angeblich weiß, dass Werbekampagnen ihn nicht beeinflussen, scheinen die Werbekampagnen als eine Art Stellvertretung seiner Innerlichkeit mehr über ihn zu wissen. Die Tatsache, dass er dennoch die Rolex-Uhr (oder die Sportschuhe aus Fernost) kauft, zählt, nicht seine behauptete Unabhängigkeit gegenüber Marktstrategien. Dies will der Zyniker sich nicht eingestehen. Er will sich nicht eingestehen, dass die Handlung als eine äußerliche Geste an seiner Stelle glaubt und die innere Distanz, die er gegenüber dieser Handlung aufbaut, weniger mit innerlicher Souveränität zu tun hat, als vielmehr Ausdruck seiner Abhängigkeit gegenüber einem Bereich ist, den er nicht kontrolliert. Um einen ähnlichen Sachverhalt, wenn auch mit einem anderen Fokus der Analyse, handelt es sich bei dem von Žižek wiederholt angeführten Beispiele wie der tibetanischen Gebetsmühle, die von mir angestoßen, an meiner Stelle betet. Ich muss nicht selbst glauben, ob beim Anstoßen der Gebetsmühle eine Jahrhunderte alte Magie in Bewegung gesetzt wird. Entscheidend ist, dass ich mit meiner rein äußerlich bleibenden Geste die Gebetsmühle in Bewegung setze und diese Geste an meiner Stelle glaubt. Das gleiche Phänomen betrifft die Lachsalven vom Tonband bei Nachmittagsserien im Fernsehen. Ich weiß sehr wohl, dass diese Lachsalven vom Band kommen, und dennoch stimmen sie mich heiter. Sie nehmen mir die Last ab, über durchschnittliche Albernheiten wirklich lachen zu müssen. Ebenso gehört dazu die oft von Žižek angeführte Anekdote über Nils Bohr. Auf die Frage, warum er als Atomphysiker und demnach rational denkender Mensch, ein Hufeisen an seine Wand hänge, antwortete Bohr: »I have it there because I was told that it works also if one does not believe in it.« Das Subjekt muss nicht dort sein, wo es durch Glauben vorgibt zu sein, solange es andere gibt oder den Lacan'schen »großen Anderen«, der dies an seiner Stelle tut. Robert Pfaller hat in seinem bemerkenswerten Buch *Illusionen der Anderen* diesen Sachverhalt genauer analysiert und kommt dabei zu der auch von Žižek immer wieder thematisierten Feststellung, dass unsere innerlichsten und intimsten Glaubensüberzeugungen nicht selten außerhalb von uns ihren eigentlichen Ort haben, z.B. im Anderen, ohne dabei aber auf ein erstes, eigentliches Subjekt zu stoßen, das »absolut« an Gott, den König, das Vaterland glaubt. Es gibt scheinbar immer auch Glaube, Glaubensgrundsätze, die auf verschiedenen Ebenen des Verkennens zwischen Subjekten zirkulieren. Diese Auslagerung von etwas Innerlichem und sehr Persönlichem (Lachen, Gebet) zeigt, wie dieses Innerliche stets schon Teil eines Feldes war und ist, in dem neben dem Subjekt immer schon sein eigenes Double zu leben, zu lachen und zu beten scheint. »Which is why Kierkegaard was right to claim that we do not really believe (in Christ), we just believe to believe – and Bohr just confronts us with the logical negative of this reflexivity (one can also NOT believe one's beliefs...).«[26]

Žižek kritisiert in diesem Zusammenhang die (mit einer traditionellen Ontologie assoziierbare) orthodox marxistische Analyse des Warenfetischismus, wenn diese behauptet, der Mensch könnte sich von Fetischismen und Fetischisierungen befreien, wenn die sozialen auf »Verdinglichung« (Lukàcs) ausgelegten Verhältnisse nur offengelegt würden. Dahinter verbirgt sich der Gedanke, es gebe ein Subjekt, dessen Selbstpräsenz in einem Prozess zurück gewonnen werden könnte, den z.B. Lukács in *Geschichte und Klassenbewusstsein* (1923) als eine Enttarnung der Verdinglichungsstrukturen beschreibt. Der Ort, von dem aus das Subjekt die Ware als ein dreidimensionales Objekt ohne seine theologischen Mucken wahrnehmen könnte, ist aber immer schon besetzt, bevor das Subjekt in Erscheinung tritt. »The paradox to be maintained«, schreibt er »is that displacement is original and constitutive [...] There are some believes which are from the very outset ›decentred‹ believes of the Other; the phenomenon of the ›subject supposed to believe‹ is thus universal and structurally necessary.« (PF, 106) Wie aber sich dann von ihnen, von den Waren, befreien? Wie

Žižek nahelegt, ist der Akt der ›Befreiung‹ nicht ein Akt, den das Subjekt von sich aus einfach durch Überzeugungs- und Aufklärungsprozess machen könnte. Žižek wiederholt hierbei oft einen Witz über einen Geistesgestörten, der gegenüber seinem Psychoanalytiker sagt, er sei ein Weizenkorn und habe Angst von Hühnern gefressen zu werden. Nachdem der Psychoanalytiker den Patienten über seinen Wahn aufklären konnte, kommt der Patient enttäuscht zurück und sagt, dass *er* zwar wisse, kein Weizenkorn zu sein, »aber wissen das die Hühner auch?« Die Anekdote verweist auf die Zwangslage, dass mit dem einfachen Entschluss des Subjekts der Akt der Befreiung (z.B. vom Warenfetischismus) noch nicht zusammenfällt, da das Unbewusste, wie Lacan sagt, kein Schatz der Innerlichkeit des Subjektes ist, sondern ›außen ist‹, verwoben mit dem »Diskurs des großen Anderen«[27]. Žižek umkreist dieses Problem, in dem er eine Analogie zum psychoanalytischen Prozess aufweist. So wie das Unbewusste und nicht der Patient zur Wahrheit gebracht werden muss, so müssen die Waren und nicht das Subjekt überzeugt werden, dass der Fetischismus, den sie verursachen, eine Illusion sei. Ziel sei nicht: »to change the way we talk about commodities, but *to change the way commodities talk among themselves*« (PV, 352).

Die hier aufgelisteten Beispiele mögen grob sein und komplexe Sachverhalte reduktionistisch vereinfachen. Ihr Vorteil liegt darin, dass sie auf einen Grundgedanken bei Žižek verweisen, den dieser von Lacan übernimmt und vielfältig ausdifferenziert: er betrifft die Interpretation des abendländischen Subjekts als ein dezentriertes Subjekt. Das dezentrierte Subjekt scheint – analog zur Ellipse – von mindestens zwei Gravitationszentren bestimmt zu sein, wobei sich das eine mehr auf Seiten der Innerlichkeit, das andere mehr in der Welt des großen Anderen lokalisiert. Und doch treten diese Zentren nie in Harmonie miteinander. Sie können sinnbildlich gesprochen nicht in bilaterale Verhandlungen treten, da es kein *tertium comparationis* zwischen ihnen gibt. Vielmehr scheinen die beiden Zentren sich in permanenter Gegenseitigkeit zu (de)/stabilisieren. Dezentrierung des Subjekts meint weder Entfremdung von einem eigentlichen, authentischen Ich, noch das, was Georg Lukács die ›Verdinglichung‹ des Menschen in seiner Analyse moderner Warenproduktion genannt hatte. Dezentrierung ist die Bedingung der »*condition humaine*« (SO, 5). »All culture is in a way a reaction-formation, an attempt to limit, canalize, to cultivate this imbalance«. Dieses Ungleichgewicht legt einen »traumatic kernal« offen, der wie eine *parallaktische Lücke* uns immer entwischt und den es eben nicht gibt wie ein utopisches Feld, in dem sich der Widerspruch zwischen äußeren Handlungen und inneren Überzeugungen auflösen kann. Dieser ›traumatische Kern‹ ist für Žižek dasjenige »which man cuts his umbilical cord with nature, with animal homeostasis« (SO, 4).

DURCH IDEOLOGIE, MIT IHR UND IN IHR

Wie Žižek deutlich macht, sollten wir nicht den Schluss ziehen, dass die symbolischen Formen, Fiktionen, Sinngebilde, mit denen wir die empirische Realität strukturieren, nur bloße Phantasien seien. Vielmehr zeitigen diese symbolischen Strukturen, wenngleich sie niemals vollkommen empirisch ›aufgehen‹ oder sich empirisch ›inkarnieren‹, einen eigenständigen, materiellen und Sinn generierenden Effekt. Wir interagieren mit unserer kontingenten Umgebung aufgrund der Logik symbolischer Komplemente, und tatsächlich würden Figuren und Objekte nicht für uns empirisch existieren, wenn nicht aufgrund dieser symbolischen Formen, in die wir sie kleiden, aufgrund derer wir sie aber auch immer schon vorfinden. In diesem Sinne kann Žižek sagen, dass es keinen empirischen Richter geben würde, wenn er nicht teilweise die Position des symbolischen Richters einnehmen würde.[28] Ebenso gäbe es, wie Žižek in einem weiteren Beispiel deutlich macht, kein physisches Geld, wenn es nicht Geld als ein rein formales Tauschmittel gäbe, das trotz eines ausgeblichenen und zerfallenen Geldscheins sich in diesem inkarniert. Auch dann, wenn der Mensch »weiß«, dass Geld eigentlich nur ein Material ist, das durch Konventionen einen Wert hat, so ist dennoch im »Tun« die fetischistische Illusion am Leben. Žižek unterscheidet hier also zwischen einem angeblich aufgeklärten Wissen und einem Tun, »guided by the fetishistic illusion.« (SO, 31) Die symbolischen Schatten empirischer Dinge (der Schatten des symbolischen Vaters hinter dem wirklichen Vater, der Schatten des symbolischen Richters hinter dem wirklichen Richter, der Schatten des symbolischen Geldes hinter dem kaputten Geldschein) haben eine die Wirklichkeit strukturierende Kraft. Die symbolischen Formen haben ihre eigene Realität und doch könnten sie selbst nicht existieren, wenn es nicht die unvollkommene materielle Inkarnation gäbe, durch die sie wirken: dieser unfähige Vater, dieser korrupte Richter, dieser kaputte Geldschein.

Die Beispiele sollen verdeutlichen, dass die symbolischen Konfigurationen, die unseren sozialen Alltag organisieren, wesentlich ideologische Fiktionen sind. Wie für Althusser ist daher auch für Žižek der Begriff der Ideologie kein politischer Begriff. Er ist ein ontologischer Begriff. Er zeigt auf, inwiefern symbolische Fiktionen den Menschen wie in einem Zwischenreich gefangen halten, welcher ihm dennoch die einzige Möglichkeit gibt, mehr oder weniger gut empirische Effekte zu zeitigen. Ideologie strukturiert auf so grundlegende Weise die materielle Praxis unserer einfachsten Handlungen in der sozialen Umwelt, dass diese Umwelt mit uns verschwinden würde, wäre Ideologie nicht permanent am Werk, ihre geheimnisvollen (weil nicht mit konkreten Subjekten zu verbindende) Sinn-generierenden Prozesse fortzuspinnen. Ideologie ist allerorten. Ihr wesentlicher Effekt ist, dass sie kontingente soziale Verhältnisse als etwas Natürliches bzw. von Natur-aus-Gegebenes repräsentiert und das fiktive phantasmatische Moment verdrängt. Insofern könnte man, wie bereits in der Einleitung gesagt, Žižeks Ziel darin sehen, seinen Lesern einen anamorphotischen Blick auf diese Verhältnisse anzutrainieren. Das heißt nicht, dass dieser einen Bereich der Realität ohne Ideologie in den Blick bekommt. Worauf er meiner Einschätzung nach seine Leser bringen möchte, ist, die phantasmagorischen Schlagschatten zu erkennen, die die soziokulturelle Welt um uns wirft, um sie – wenn nötig – in einem Akt der Freiheit zu suspendieren. Der Begriff der Ideologie kann daher nicht einfach von der Wirklichkeit abgezogen werden. Žižek: »[A] non-naive notion of ideology ... avoids the usual traps of, if you say ideology, false consciousness, then you automatically imply some kind of natural direct approach to what reality truly is, etc. You don't need this. What you need is precisely the notion that reality itself is never fully constituted and that this is what ideological spectral fantasies try to mask« (IR, 81). Žižek behauptet, dass symbolische Ordnung, die Ideologie, um »parallatic gaps« zirkuliert, d.h. um Lücken kreist, die sich auftun zwischen den formalistischen Momenten, die unser soziales Leben strukturieren, und ihren empirischen Konkretisierungen. Er folgt Hegel in der Annahme, dass die symbolische Ordnung dabei immer retroaktiv sich ihre Notwendigkeit, Natürlichkeit, Naturgegebenheit andichtet, während sie aus einem Chaos kontingenter Momente hervorgebrochen ist. Naturalisierende Mythen, die die symbolische Ordnung um einen nicht symbolisierbaren traumatischen Kern etablieren, führen zu einem scheinbar stabilen Netz von Autoritäten, wobei diese auf einem Mangel an Legitimität, sprich immer schon auf einer »Erkrankung der Tradition«[29] beruhten, eine Tradition, die nie gesund war. In diesem Sinne existiert der Mensch als Gemeinschaftswesen aufgrund dieser »symbolischen Fiktionen« und »noblen Lügen«. Das Symbolische als konstitutive Virtualität ist die Bedingung des Funktionierens einer Gemeinschaft. Eine Alternative zur symbolischen Ordnung mit ihren phantasmagorischen Nebenkosten wäre nur die Psychose: sprich das furchtbarste Abgleiten in das, was Hegel die »Nacht der Welt« nennt, oder das Leben als Paranoiker, in der sich das Subjekt als unfreies Instrument eines göttlichen Manipulators erfährt, wie dies Daniel Paul Schreber in seinem autobiographischen Werk *Denkwürdigkeiten eines Nervenkranken* (1903) beschreibt.[30] »The fundamental level of ideology [...] is not an illusion masking the real state of things but that of an (unconscious) fantasy structuring our social reality itself.« (SO, 33)

Wie gesagt, wird die Legitimität der symbolischen Ordnung durch eine zentrale Leerstelle definiert, um die herum sie sich organisiert, die sie aber auch unentwegt zwingt, wie in einem *circulus vitiosus*, Legitimität zu produzieren. Es gibt keine Kultur, die sich diesem entziehen könnte. Vielmehr ist genau *das* menschliche Kultur: die Beschwörung von Legitimität durch Feste, Staatsfeiertage, Rituale, Denkmale und die Verdrängung erschreckender Kontingenz. Was diese Zeichen reproduzierenden und Zeichen generierenden Rituale mit dem auf Differenzen beruhenden System der Sprache gemeinsam haben, ist, dass sie – um zu funktionieren

– sich ständig danach ausstrecken müssen, den eigenen »Schwanz«, sprich den eigenen Ursprung zu packen, d.h. den Ursprung ihres andauernden Produktionsprozesses zu fixieren. Dies gelingt nur, so Žižek, mit der unendlichen Produktion von Phantasmen, die uns entfremden und durch Entfremdung Identität geben, die die Entfremdung wieder als Entfremdung wahrnehmbar werden lässt, jedoch nie bis zu einem »zureichenden Grund«. Was die symbolische Ordnung dabei tut, ist, in diesen Ritualen einen Abgrund zu konstituieren ohne einen äußeren Bezugspunkt. Der Abgrund (die fehlende Legitimität) ist jedoch gerade nicht das Problem, ebenso wenig wie der fehlende äußere Bezugspunkt. Ja, er ist die Bedingung, dass die symbolische Ordnung den notwendigen Schein, das Existenz- und Identität-stiftende Phantasma »ontologischer Bedeutung« aufrechterhalten kann. Die symbolische Bedeutung kreist um die Leerstelle, ihr *missing link*, ihre ontologische Garantie, und doch funktioniert sie nur aufgrund dieses *missing links*. Gäbe es »wirklich« einen äußeren Bezugspunkt, der als absoluter Garant harmonischer symbolischer und friedvoller Gesellschaft fungieren könnte, wie z.B. die deutsche Rasse (nationalsozialistischer Faschismus), das Proletariat als »Subjekt-Objekt« der Geschichte (Kommunismus), die Frauen-Gesellschaft (radikaler Feminismus), der christliche Weltstaat (Evangelikale Christen), dann wäre symbolische Ordnung gerade nicht mehr symbolische Ordnung, sondern tote Materie.

3. JOUISSANCE UND GESETZESKRAFT

STRUKTUREN DES GENIESSENS ALS UNTERBAU DER POLITIK

In diesem letzten Abschnitt zu Žižeks politischer Philosophie wollen wir auf einen Begriff eingehen, dem in dem vielverzweigten Bereich von Žižeks Analysen zur Ideologie eine besondere Bedeutung zukommt. Es ist der Begriff der *jouissance*. Dabei handelt es sich um einen polymorphen Terminus in der Metapsychologie Lacans, dessen Bedeutungsvielfalt kaum von einem anderen Begriff in Lacans Vokabular übertroffen wird und der zahlreiche Umgestaltungen in seiner kurzen Geschichte erfahren hat. Eine erste ausschlaggebende Spezifizierung erfährt der Begriff im Jahr 1960 in Lacans Seminar über *Die Ethik der Psychoanalyse*. Hier meint *jouissance* nicht mehr – wie das französische Wort in einer einfachen Übersetzung nahelegt – ein schlichtes Genießen. Es definiert für Lacan stattdessen einen Lust und Schmerz vermischenden körperlichen oder mentalen Zustand.

Lacan illustriert dies an einem Beispiel, das er in Kants *Kritik der praktischen Vernunft* aufspürt. Darin beschreibt Kant, wie einem Mann die Möglichkeit gegeben wird, die Nacht mit der Frau seiner Träume zu verbringen. Sollte er sich aber den Wunsch erfüllen, droht ihm der Tod am nächsten Morgen. Die Differenz zwischen *jouissance* und Genuß markiert hier das Freud'sche Lustprinzip. Denn Kant geht davon aus, dass der Mann sich in einer Kosten-Nutzen-Rechnung gegen das sexuelle Vergnügen mit der Frau ausspricht. Lacan aber unterstreicht die Möglichkeit, dass es sehr wohl denkbar ist, sich den gegenteiligen Ausgang der Versuchsszene vorzustellen. Was für Lacan *jouissance* definiert, ist, dass sie im Gegensatz zum Begriff des Genießens der Kosten-Nutzen-Rechnung nicht unmittelbar zugänglich ist.

In demselben Seminar weist Lacan noch auf eine andere Interpretationsform der *jouissance* hin, in der sie im zwischenmenschlichen Verhältnis eine Rolle spielt. So behauptet Lacan, dass *jouissance* in diesem zweiten Gefüge mit einem mehr lust- als schmerzvollen Genießen *des* oder *der Anderen* assoziiert wird. Es generiert Phantasien von Missgunst und Neid in der Psyche des Einzelnen. *Jouissance* wird hier mit einem Genuss assoziiert, an dem sich immer die anderen, oder der »große Andere« mehr erfreut, als ich hier und jetzt in meinem miserablen Leben. *Jouissance* markiert die Vorstellung einer ursprünglichen Genussfülle, die mir, im Gegensatz zu anderen / zu dem »großen Anderen«, auf immer versagt bleibt. Oder schlimmer: der Andere genießt auf meine Kosten. Wesentlich an diesem zweiten Begriff der *jouissance* ist, dass er nicht ablösbar ist von dem, was Lacan einen inhärenten Mangel des sogenannten »gebarrten«, sprich durch eine ontologische Nichtkoinzidenz geprägten Subjekts nennt. Der Mangel des »gebarrten« Subjekts ist wesentlich ein Mangel an *jouissance*: der Mangel eines prä-symbolischen angeblich realen *Genießens*, das immer als etwas bereits Verlorenes erfahren wird. Bernard Baas, der Lacans Theorie der *jouissance* mit Kants Transzendentalphilosophie zu einer »Kritik des reinen Begehrens« ausarbeitet, schreibt treffend: »Am Anfang war der Verlust, nicht das verlustig gegangene Objekt«.[31] *Jouissance* ist der Teil unseres Selbst, der geopfert/kastriert wurde im Moment des Eintritts in das symbolische System von Sprache und sozialen Beziehungen.[32] Demzufolge ist das Subjekt auf der Ebene des Symbolischen von *jouissance* immer schon beraubt. Das Subjekt ist von dem beraubt, von dem es glaubt, dass es intimstes Teil seiner selbst ist und das Lacan mit Freuds Begriff des »Dinges« in Beziehung bringt.[33] Doch dazu später mehr.

Žižek nimmt nun den Lacan'schen Begriff der *jouissance* in seinen zwei Bedeutungen auf und entwindet ihn seiner exklusiv metapsychologischen Konnotationen, in die er bei Lacan eingebettet war. Dabei bestimmt er *jouissance* als eine Art »obszönen Genießens«, welches den Bereich des Politischen/Ideologischen auf allen Ebenen durchdringt. Er betrifft wesentlich die Kanalisierung libidinöser Ströme, die jede politische Gemeinschaft braucht, um ein Spannungsfeld aufrechtzuerhalten, das das Subjekt an seinem Platz behält und es zugleich mit einer Sehnsucht nach ›mehr‹, nach Transgression in einen Zustand der Gereiztheit/Erregtheit versetzt. »*Jouissance* ist an sich grenzenlos, sie ist der obskure Exzess des Nichtbenennbaren«, schreibt Žižek, wobei der Politik die Aufgabe zukommt, diesen »Exzess zu regulieren«. (P, 416)

Was der Begriff der *jouissance* impliziert, ist die sicher von vielen geteilte Erfahrung, dass noch in unseren angeblich rationalsten und formellsten Verhaltens- und Denkweisen ebenso wie in den kompliziertesten mathematischen Formeln ein libidinöser Kitzel liegt, der, wie ein »obszönes Supplement«, die Ratio flankiert und sie anstiftet, eine Lösung zu finden. Dieses obszöne Genießen verspüren wir aber auch schon, wenn wir uns z.B. um 5:50 Uhr und nicht um 6 Uhr aus dem Bett quälen, weil dies angeblich »stählt« und »so sein muss«. Ebenso treffen wir es beim Joggen an, wenn wir uns nach den regulären acht Pflichtrunden im Park plötzlich und wie aus heiterem Himmel noch eine neunte Runde auferlegen und dann besonders genießend (was eigentlich?) uns unter die Dusche stellen. Aber selbst da, wo man ›nur‹ seine Pflicht tut, ist *jouissance* im Spiel. Jodi Dean beschreibt dies treffend: »Enjoyment can be that extra kick *on behalf of which* we do our duty: ›Sorry about that extra twenty dollars I tacked onto your ticket, ma'am, but, well, it's the law‹ or ›These comments I wrote on your paper may seem cruel, but, well, it's really for your own good.‹«[34]

Lacan entwickelt den Begriff der *jouissance* in Bezug auf Erfahrungen, die Freud in *Jenseits des Lustprinzips* und in *Das Ich und das Es* beschreibt. Freud beobachtete, dass Patienten ihren zwanghaften Begehren nachgebend die eigene Krankheit und ihr eigenes Krankheitssymptom zu genießen schienen und schmerzvolle und traumatische Erfahrungen wiederholten. Dies widersprach seiner Theorie des Lustprinzips und veranlasste ihn, den heftig umstrittenen Begriff des Todestriebs als eine unbewusste Neigung der Autodestruktion einzuführen. Lacan nimmt diesen Begriff auf. Wie Ellie Ragland-Sullivan beschreibt, geht es bei Lacan im Blick auf Schmerz, Lust und die krankhafte Wiederholung des Symptoms aber eigentlich nicht um eine Sehnsucht nach dem Zurücksinken des Organismus in die anorganische Materie. Vielmehr geht es um einen fundamentalen Verlust, der mit dem Getriebensein zu tun hat, das Žižek in einem anderen und später noch in einem näher von uns bestimmten Zusammenhang das »X im Menschen« nennt, das mehr ist als er selbst.

DIE AUSTREIBUNG EXZESSIVEN GENIESSENS

Freud beschreibt in *Totem und Tabu*, wie der »gewalttätige Vater« der sogenannten »Urhorde« durch seinen Alleinanspruch auf die Weibchen ein exzessives Genießen verkörpert, das die Söhne zum Genuß-Neid, zu Aufruhr und schließlich zum Mord an ihm drängt. »Eines Tages taten sich die ausgetriebenen Brüder zusammen, erschlugen und verzehrten den Vater.«[35] Analog zum Ödipuskomplex setzt Freud den Vater an die Stelle des Totemtieres ein und identifiziert den Mord als Ursprung der Sittlichkeit. Nachdem die Brüderhorde darin übereinkommt, dass niemand mehr die Position des ›obersten Genießers‹, des ›Ur‹-Vaters, einnehmen darf, steht der nun mit dem Tabu behaftete Vatermord an ihm auch für die angebliche Austreibung eines *exzessiven Genießens* und somit gleichzeitig für die Utopie der gleichmäßigen Verteilung von Lust.[36] Der Ödipuskomplex nimmt so die Position des Ausgangspunktes von »Religion, Sittlichkeit, Gesellschaft und Kunst«[37] ein. Der vakante Platz des Vaters soll die Gesellschaft vor dem Trauma einer Position allmächtiger *jouissance* bewahren. Aber wie Freud behauptet, ist der tote Urvater gerade nicht tot, sondern kehrt in Form des Über-Ichs und auf der symbolischen Ebene viel stärker zurück. Dies betrifft nicht nur Gesetze und Moralvorstellungen, die er einst durch pure Autorität verkörpert hatte und die nun im Über-Ich ihre Macht entwickeln. Es betrifft auch die *jouissance* als eine Macht, die sich gerade nicht als gleichmäßig verteilt erweist, sondern von der wir annehmen, dass es immer jemanden gibt, der vielleicht doch etwas mehr genießt als wir selbst.[38] Hier sei betont, wie *jouissance* wesentlich unsere intimsten Gefühle des Neids beeinflusst. Das Beispiel von Jodi Dean »Sorry about that extra twenty dollars I tacked onto your ticket, ma'am, but, well, it's the law« beschreibt ja nicht nur das obszöne Genießen verbunden mit einer Machtposition, in der der angeblich so nüchtern die Gesetze einfordernde Polizist den Betrag des Bußgeldes ein wenig höher setzt. Sondern es betrifft denjenigen, der meint zu verspüren, dass der Polizist in diesem Moment auf seine Kosten einen Genuss-Mehrwert verspürt. Dieser in der *jouissance* verankerte Neid steht wesentlich im Zentrum einer jeden Form von Askese, wie Žižek schreibt: »What Nietzsche and Freud share is the idea that justice as equality is founded on envy – on the envy of the Other who has what we do not have, and who enjoys it. The demand for justice is thus ultimately the demand that the excessive enjoyment of the Other should be curtailed so that everyone's access to *jouissance* is equal. The necessary outcome of this demand, of course, is ascetism.« (V, 76)[39]

In *Parallaxe* entdeckt Žižek für diesen Neid am Genuss des Anderen in dem von den Brüdern Wachowski gedrehten Film *Matrix* eine eindrückliche Szene. In ihr wacht der Held des Films aus einem wassergefüllten Brutkasten auf und erfährt sich als ein Energiespender für die Maschinenwelt. Diese äußerste Passivität, in der sich der Mensch plötzlich in seinem Brutkasten vegetieren sieht, ist »die perverse Phantasie schlechthin, die Vorstellung, dass wir letztlich *Instrumente* der *jouissance* des Anderen (der Matrix) sind, denen wie Batterien die Lebenssubstanz ausgesaugt wird.« (P, 419)

Diese Beobachtung lässt Žižek den Film als eine Allegorie sehen, die das schreckliche Erkennen jenes Geheges libidinöser Ströme offenlegt, in dem der Mensch sich immer schon einer ursprünglichen Fülle des Genusses, die *ein Anderer* immer schon genießt, beraubt sieht. Dieser letzte Aspekt betrifft »wesentlich, was Lacan *la jouissance de l'Autre* nennt« (P, 424). Daraus lässt sich, wie Žižek im Zusammenhang mit seinen Analysen zum Antisemitismus sagt, ein ganzes Geflecht obszön-gieriger Neidstrukturen flechten, die jeweils von politischem System zu politischem System anders gelenkt werden können. *Jouissance* entsprechend kanalisiert produziert Phantasien, die z.B. zu Zeiten der Naziherrschaft in Deutschland dazu führten, in den Juden gleichzeitig und anscheinend ohne darin einen Widerspruch zu erkennen, linksintellektuelle Bolschewisten *und* Vertreter des Weltkapitalismus zu sehen. Der Jude wurde zum Repräsentanten eines obszönen, nicht halt machenden Genießens auf Kosten einer an Reparationszahlungen nagenden deutschen Arbeiterschaft. Politik alimentiert sich wesentlich durch die Kanalisierung von *jouissance*. Sie betrifft uns auch heute, wenn z.B. Europäer neidisch auf China als Weltboom-Region schauen, die angeblich auf Kosten der westlichen, zivilisierten Welt steigende Exporte und wirtschaftlichen Aufschwung genießt.

Worauf der Begriff der *jouissance* verweist, ist, dass die Utopie einer gleichmäßigen Verteilung von Lust und Lustgewinn sich nie erfüllen kann. Aber gerade als solche, als sich Nie-Erfüllende, ist *jouissance* als *Lust im Schmerz* das Elixier von Ideologie, weil es immer ein ›Mehr‹ suggeriert, das andere angeblich genießen, während der Einzelne (ich hier in meinem kleinen Zimmer an diesem alten, langsamen Computer) immer zu kurz kommt. Bruce Fink: »[*jouissance*] ›ex-sists‹: it persists and makes its claims felt with a certain insistence from the outside, as it were. Outside in the sense that it is not a wish, ›Let's do *that* again!‹, but, rather, ›Isn't there something else you could do, something different you could try?‹«[40]

Dieses Wollen nach mehr Genuss ist allgegenwärtig. Gleichzeitig ist es abhängig davon, dass es niemals als absoluter Genuss erfüllt wird. Die Erfüllung würde der Berührung mit dem »Ding« als dem verbotenen Objekt gleichen. Das Ding ist unter anderem das inzestuöse Objekt des Begehrens (z.B. die Mutter), das man kontinuierlich versucht wieder einzufangen. Es ist ein Mangel, auf dem das Begehren des Menschen beruht. Als Effekt der Nachträglichkeit ist es in die Subjekt-Konstitution eingebunden. Der Begriff des Dings – la chose – ist ähnlich wie derjenige des »objet petit a« nicht anders als ein Grenzbegriff des Unmöglichen / der Unmöglichkeit definiert. Die Sehnsucht nach dem Ding ist als jouissance die Sehnsucht nach einem Teil unserer selbst, der geopfert/ kastriert wurde, als wir das symbolische System von Sprache und sozialen Beziehungen betraten. Und gleichzeitig gab es natürlich diesen Teil unserer selbst nie als ein wirkliches Ding, ein wirklich Seiendes. Das verlorene Ding ist Objekt, das niemals von Beginn an verloren wurde, sondern das als Verlorenes erst *après coup* deklariert wird. Es liegt ›jenseits‹ des Signifikanten und jeder Versuch, diesem Ding einen konkreten Inhalt zu geben, heißt schon ins Spiel der Signifikanten einzutreten und es mit einem konkreten Objekt zu verwechseln. »[T]he Thing is nothing but its own lack, the elusive spectre of the lost primordial object of desire engendered by the symbolic Law/Prohibition and l'objet petit a [...] mediates between the a priori void of the impossible Thing and the empirical objects that give us (dis)pleasure« (OB, 97). Wenn Žižek daher schreibt, dass der Lacan'sche Begriff der *jouissance* »the primordial ›decentrement‹ of the Lacanian subject« betrifft, so genau deshalb, weil *jouissance* ebenso wenig wie *das Ding* jenseits der Signifikanten »subjektiviert« bzw. ins Subjekt integriert werden kann.

Im Versuch, die Bandbreite dieser Modelle, die uns *jouissance* in ihren Verflechtungen mit »dem Ding«, *objet petit a*, dem »großen Anderen« zeigen, noch einmal zu synthetisieren, könnte man sie als eine *Gefühlssättigung im Moment ihres Aufschubs* verstehen. *Jouissance* ist der Moment des Glücks kurz bevor er sich nie verwirklicht. Sie ist die Vorfreude eines Kontakts der ›dritten Art‹, der immer kurz davor ist, sich dann doch niemals zu erfüllen. Auch aus diesem Grund verwendet Lacan diesen Begriff in seinen Kommentaren mystischer Erfahrungen, die das Moment der Transgression beschreiben. *Jouissance* ist ein genussvolles Leiden an einer Sättigung im Moment ihres Aufschubs. All diese Umschreibungen des Begriffs verweisen darauf, dass die libidinösen Ströme eines obszönen und nicht mit rationaler Reflektion zu bremsenden Genießens vom weiten Feld dessen ein essentieller Teil sind, was Žižek Ideologie und Politik nennt. Sie betreffen besonders seine Anmerkungen zum Faschismus, Stalinismus und zum Juden. Aber, wie schon erwähnt, argumentierte bereits Freud, dass die moderne Kultur den Ödipuskonflikt ›geerbt‹ hat. Das Lustprinzip verlangt das Verfolgen von Glück, aber dadurch, dass der Mensch gezwungen ist, in einer von Kultur geprägten Gemeinschaft zu leben, wird ihm volles Glück unmöglich. Keinem Versuch einer Reformierung sozialer Rechte und Pflichten würde es, so Freud, gelingen, dieses *Unbehagen der Kultur* in ein Wohlbehagen umzuwandeln. Das einzige, was übrig bleibt, sind sozial-kontrollierte Rückzugsräume von Genuss, die in der symbolischen Ordnung durch Gesetz, konsentierte Normen und Moralvorstellungen geschützt sind.

DIE OBSZÖNE UNTERSEITE DES GESETZES

Bisher haben wir versucht, den Begriff der *jouissance* in dem vielschichtigen Feld von Querbezügen zu Lacan, Freud, »objet petit a« und dem »großen Anderen« zu bestimmen. Im Folgenden soll deutlich werden, wie der Begriff in verschiedenen Ausführungen von Žižek als Interpretationsprinzip verwendet wird. Dem Begriff kommt z.B. eine bedeutende Rolle in Žižeks Theorie des »split law« zu.

Žižek behauptet in der Entfaltung dieser Theorie, dass das Gesetz, wie man es in der Form eines Gesetzeskanons normativer, neutraler und auf Egalität ausgerichteter Vorschriften kennt, nicht ausschließlich die Gesellschaft zu einer *Gemeinschaft* verbinden kann, da es aufgrund eines ursprünglichen Mangels an Legitimität immer inkomplett und unvollständig ist. (Auf diesen Mangel im Innern der ›Gesetzeskraft‹ haben schon Walter Benjamin, Carl Schmitt, Jacques Derrida und Giorgio Agamben verwiesen und entsprechende Theorien entwickelt.) Was Identifikation spendet, kommt nach Žižek vielmehr durch gemeinschaftliche Erfahrungen von einer *Verletzung* des neutralen Rechtes durch Andere zum Tragen, die bei den Gesetzeshütern paradoxerweise eine gemeinsamen Überschreitung des normativ etablierten Gesetzescodes *zum Schutz des Gesetzes* provoziert. Žižek spricht daher auch von einem »nightly law«, das sich dem im Licht der Vernunft stehenden Gesetz auf verborgene Weise beigesellt. Es ist eine Art phantastischer, ungeschriebener ›Code‹, der die geschriebenen Gesetze supplementiert. Žižek erläutert dies im Zusammenhang mit dem Ku Klux Klan (ME, 55ff; PV, 369-370). Er behauptet, dass dort, wo das Gesetz einen patriarchalen Charakter hat, die Transgression in der Regel angesehen wird als Angriff auf diesen patriarchalen Charakter. Wenn jedoch das Gesetz gerade nicht patriarchal auftreten möchte, sondern sich einen Anschein von Neutralität und Egalität gibt, dann passiert etwas Seltsames: »what now erupts [...] is precisely the authoritarian-patriarchal logic that continues to determine our attitudes, although its direct public expression is no longer permitted« (ME, 56). Sprich, dort wo das patriarchale und primitive Gesetz durch ein angeblich fortschrittliches und egalitär-neutrales eingetauscht wurde, taucht in Krisen-Situationen die Transgression *im Namen der patriarchalen, verdrängten, primitiven Unterseite* wieder auf. Nehmen wir als Beispiel aus der Tagespolitik den Strom illegaler Flüchtlinge an der Grenze zwischen Mexiko und den USA. Paramilitärische Ranger-Gruppen in den USA fühlen sich berechtigt, auf diese Flüchtlinge selbst mit dem Gewehr Jagd zu machen, da der Mangel an Grenzpolizei ihnen den Zusammenbruch von Gesetz und Ordnung suggeriert. Die selbst organisierte Grenzkontrolle tritt nun im Namen der patriarchalen Unterseite des normativen (aber scheiternden) Gesetzes auf und provoziert ein *jouissance*-genährtes Wir-Gefühl unter selbsternannten Grenzwächtern. Die obszöne Unterseite des Gesetzes wird aktiv, weil das öffentlich normative Gesetz anscheinend dem Scheitern nahe ist. Žižek: »the public law is compelled to search for support in an *illegal* enjoyment« (ME, 54). Die in dieser Form der Überschreitung aufkommende *jouissance* überkommt mich aber auch z.B., wenn ich sehe, wie ein Fahrradfahrer gestürzt ist, nachdem er mich vor zwei Minuten noch an einer roten Ampel, an der ich als Autofahrer halten musste, einfach überholt hat. Nicht dass der Sturz des Fahrradfahrers irgendetwas mit einer juristischen Strafe für das ›bei Rot‹ über die Kreuzung fahren zu tun hätte. Die *jouissance*, die mich überkommt, hat auch nichts damit zu tun, dass mich generell gestürzte Fahrradfahrer erfreuen. Aber der Frust, an einer roten Ampel warten zu müssen, während ein anderer, freie Fahrt *genießend*, sich das Recht nimmt, das Gesetz zu überschreiten, das mich zurückhält, provoziert eine obszöne, die Errungenschaft eines neutral-rationalen Rechtssystems widersprechende Lust nach archaischer Rache. Das obszöne Supplement des Gesetzes kann dabei sowohl in der *Impeachment*-Politik der Republikaner zu Zeiten des Clinton-Lewinsky Skandals aufgewiesen werden, wie auch in literarischen Texten, wenn man z.B. an Shakespeares *Kaufmann von Venedig* denkt. Im Falle Shakespeares inszeniert das juristische Verfahren gegen Shylock ein obszönes Supplement, das sich hinter einem mathematisch-formalistischen Gesetz zu verdecken scheint. Im *Kaufmann von Venedig* spielt das Gerichtsverfahren die zentrale Rolle. Diese kann erst spannend werden durch die eigentümliche Verbindung von einem offiziellen Diskurs eines normativ und egalitär auftretenden Gesetzes und einem obszönen verborgenen Supplement, das Shylock motiviert, Antonio, dem Helfershelfer des Liebhabers seiner Tochter, angeblich ganz leidenschaftslos, ein Pfund Fleisch aus den Rippen zu schneiden.

Jouissance inkarniert sich aber nicht nur in der Gestalt des »nightly law«. Sie durchströmt wesentlich auch unser Pflichtgefühl. Damit ist sie nicht ablösbar vom Freud'schen Begriff des Über-Ichs.

ENJOY: JOUISSANCE AUF BEFEHL

Nach Freud entwickelt sich das Über-Ich im Ödipuskomplex aus dem Prozess einer *Hineinnahme* der als Hindernis zum Ödipuswunsch, sprich zur Mutter, verstandenen Vaterinstanz.[41] »Da die Eltern, besonders der Vater, als das Hindernis gegen die Verwirklichung der Ödipuswünsche erkannt werden, stärkte sich das infantile Ich für diese Verdrängungsleistung, indem es dies selbe Hindernis in sich aufrichtete.«[42] Das Über-Ich etabliert sich in Gestalt einer Instanz normativer Werte und Moralvorstellungen, die das Subjekt auf Distanz zum reinen Genießen halten, wie es der Vater in seinem Anspruch auf die Mutter bzw. der ›Urvater‹ in Freuds Ursprungsmythos (*Totem und Tabu*) auf die weiblichen Mitglieder der primitiven Sippe repräsentierte. Das Über-Ich bestimmt die »bedeutsamsten Züge der individuellen« wie »der Artentwicklung«, wie Freud sagt. Dabei schafft das Über-Ich auch auf der Ebene der Kultur dem »Elterneinfluss einen dauernden Ausdruck«.[43]

Hatte der ›Urvater‹ in Freuds Ursprungsmythos noch Zugang zu einem angeblich vollen Genuss, so ist es das oberste Ziel nach dem traumatisierenden Mord an ihm, eine Gemeinschaft aufzubauen, in der durch ein Geflecht von Restriktionen, Werten und Normen die Lustverteilung möglichst egalitär garantiert wird. Der tote Vater ist indessen – ähnlich wie in der Individualentwicklung des Menschen im Moment der »Zertrümmerung des Ödipuskomplexes«[44] – als der »In-sich-aufgerichtete«, in den Innenraum des Ichs bzw. in der sich entfaltenden ›Kultur‹ Integrierte, lebendiger »als der Lebende [Vater jemals] gewesen war.«[45] Dabei ist im Zusammenhang der Kultur wichtig zu beachten, dass für Freud Strukturen grundsätzlich die Spuren ihrer eigenen Genese mit sich tragen. Anders wäre es nicht verständlich, dass der Vatermord in den Normen und Wertvorstellungen der »Kultur« wie ein Nachbeben von einem ›Urknall‹ weiterhin vibriert. Von dort aus nahm Vieles, wie er schreibt, »seinen Anfang [...], die soziale Organisation, die sittlichen Einschränkungen und die Religion.«[46] Es ist dieser in normativen Werten vibrierende ›Urknall‹, der nach dem Auftauchen der Reue und des »Schuldbewusstseins«[47] kollektivierte, Über-Ich-analoge Normen vorschreibt, die niemandem mehr ein *volles* Genießen erlauben. Übrig bleibt ein *Unbehagen in der Kultur*, das durch kulturelle Leistungen (Sublimierungen) nicht restlos aufgehoben werden kann. Dieses Unbehagen begleitet die Kultur und macht, dass immer wieder die archaischsten Mächte wie unter einer dünnen Patina aufbrechen können, wenn Neid-Phantasmen die kollektive *jouissance* zum Kochen bringen.

Žižek interessierte in diesem Zusammenhang besonders der Aspekt in Freuds Theorie, in der der Einzelne nicht nur unter den Restriktionen leidet, die das Über-Ich aussendet, sondern das Moment der Unterwerfung auch auf obszöne Weise *genießt*. Das Über-Ich internalisiert das moralische Gesetz (des toten Vaters), verkehrt es jedoch in einer Weise, so dass dabei der »Druck des

›ungeschriebenen Gesetzes‹ in mir« erzeugt wird als eine Art »obszöner Anruf zum Genießen« (SW, 251), »[an] obscene call to enjoyment«. (TK, 240) Daraus entsteht eine Pflicht zu genießen: »The concept of the superego designates precisely the interzone in which [...] the command to enjoy doing your duty overlaps with the duty to enjoy yourself.« (FRA, 135) Diese ›Pflicht zu genießen‹ bzw. diese ›Pflicht, Spaß zu haben‹, sieht nun Žižek als dominantes Moment am Werk in den modernen sich liberal und promiskuitiv verstehenden Gesellschaften der westlichen Welt. Das Freud'sche Theorem des Über-Ich steht nicht mehr, wie noch in den paternalistisch geprägten Gesellschaften Europas der 50er und 60er Jahre als Sinnbild für eine autoritär ausgerichtete Gemeinschaft, in der der Einzelne seinen Genuss zugunsten von Staat, Kirche, Familie und Tradition aufopfern muss. Vielmehr scheint in Zeiten der transgression- und exzesstoleranten, offenen Gesellschaft das Über-Ich neue obszöne Pflichten dem Einzelnen aufzuerlegen, wenn es ihm im Einklang mit der Werbekampagne eines Softdrinks befiehlt: »Enjoy!« Wer sich nicht zu dem erschafft, zu dem er sich machen könnte, erweist sich als ein am Genuß nicht Partizipierender, als ein Lebender des nur »sogenannten« aber nicht »wirklichen« Lebens, um auf eine amerikanische TV-Serie mit dem treffenden Titel: »My so-called Life« anzuspielen. Žižek schreibt: »In our late capitalist universe, the subject is not guilty when he infringes a prohibition. It is far more likely that he feels guilty when (or, rather, because) he is not happy – the command to be happy is perhaps the ultimate superego injunction.« (IR, 207) Das Gebot »Enjoy« oder »Be happy« erweist sich als obszönes Gesetz des Über-Ichs.

Die Aufforderung »Sei, der du bist« spiegelt sich auch in der Genforschung wider, in der zwischen gutem und schlechten Erbmaterial ausgewählt werden kann, mit dem Ziel, eine Identität möglichst ultimativer Selbsttransparenz zu erreichen. Gesucht wird eine Substanz, die nicht mehr durch arbiträre Akzidentien verunreinigt ist. Auch dies ist eine Form der Transgression. Ebenso klingen Aufforderungen zu transgressiven Erfahrungen (Bungy-Jumping, Rafting, Mountain-Climbing) wie Appelle, zur Wirklichkeit, zum Realen durchzustoßen, wie es auch die Ausstellung von Gunther van Hagens »Body World« in Gestalt des in allen Körperschalen aufgefächerten menschlichen *corpus* in Szene setzt. War die Sehnsucht nach dem Realen, wie Alain Badiou sagt, im 20. Jahrhundert Ziel der großen Ideologien des 20. Jahrhunderts, so ist die Sehnsucht nach dem Realen jetzt Teil einer Transgression suchenden Unterhaltungskultur. In diesen gesellschaftlichen »Symptomen« reflektiert sich das Begehren, die Hülle der symbolischen Erscheinung herunterzureißen, so als werde die ›Welthaftigkeit‹ des Daseins und die ›Geworfenheit‹ der Existenz (Heidegger) kaum noch ertragen. Ex-urbane Lifestyle-Reservate sind Zufluchtstätten. Aber wie Lacan sagt, klebt das Reale immer schon an unserem Fuß, egal in welches Ferienparadies wir uns auch zurückziehen wollen.

Was in der Glückspflicht (bzw. im Ideal der Selbsttransparenz: sei, der du bist) verborgen liegt, ist ein obszönes Supplement im Über-Ich, das sich am Leiden des Scheiternden und des Scheiterns befriedigt. Es scheint so, als wolle Žižek mit dem Verweis auf das obszöne Supplement des »ultimate superego injunction« auf eine bereits von Freud in *Das Ich und das Es* vertretene These aufmerksam machen. Dort verweist Freud in dem, was er die *negative therapeutische Reaktion* nennt, auf bestimmte Patienten, die sich gar nicht heilen lassen wollen. Sie finden im Kranksein eine Befriedigung und wollen auf ihr Leiden wie auf eine Strafe nicht verzichten. Freud entdeckt dabei den Umstand, dass das Über-Ich in diesen Fällen nicht unwesentlich beteiligt ist, weil es durch einen geheimen Kanal mit dem Bereich des *Es* verbunden ist, der ihm subkutan obszöne Genussströme zuträgt. Das Über-Ich ist nicht ausschließlich die Instanz verinnerlichter, aus einer einstigen Schwäche und Abhängigkeit des Ichs entstandener Werte und Normen. Es kann sehr wohl maßgebend für neurotische Erkrankungen sein. Freud schreibt: »Das Überich hat hier mehr vom unbewussten Es gewusst als das Ich.«[48] Das Über-Ich birgt eine verborgene und obszöne Unterseite. Es »verlacht« das Ich/Ego, wenn es ihm befiehlt z.B. um 5 Uhr morgens aufzustehen oder, koste es was es wolle, erfolgreich zu sein. »Das Über-Ich kann [...] grausam werden, wie nur das Es [es kann, D.F.].«[49] Das Ergebnis dieser Interpretation ist, dass verschiedenste Genusströme zwischen den Schichten der menschlichen Psyche hin- und hergehen und offenlegen, inwiefern auch die edelsten Ideale immer auch verborgene Perversitäten bergen.

Der Befehl »Enjoy!« als Befehl zum ›vollen‹ Genuss reflektiert sich in zahlreichen Marktprodukten. Interessant ist, dass einige Produkte dem Befehl »Enjoy!« gegenüber eine verklärt adversative Struktur aufweisen. Žižek verweist hier auf fettfreien Joghurt, alkoholfreies Bier, entkoffeinierten Kaffee, zuckerfreie Coca Cola, etc., als wollten diese Produkte sagen: Iss mehr, um essend schneller abzunehmen. Trinke Kaffee, um kein Koffein trinken zu müssen. Rauche »Light«, um rauchend die Gefahr des Lungenkrebs zu verringern. Diese – sicher nur auf partikulare Produktreihen zutreffenden – Beispiele machen deutlich, wie auf dem Markt Produkte angeboten werden, deren exzessives Moment (Alkohol, Koffein, Fett, Kondensat, Zucker, etc.) uns eine Beteiligung am vollen Genuss, an der *jouissance* als angeblich absoluter Befriedigung, sichern soll (wir gehorchen dem Befehl: Enjoy!), deren exzessives Moment aber synchron entschärft wird. Gerade das zweite Moment, die Entschärfung, zeigt aber, dass man sich zwar angeblich erfüllt, wenn man *genießt* (da man der Fülle der *jouissance* einen Schritt näher ist), dass man aber im gleichen Zug *schuldig* wird, wenn man sich nicht mit dem Surrogat abgibt, sondern *wirklich* exzessiv Zucker, Alkohol oder Zigaretten konsumieren möchte und damit den großen Anderen, z.B. in Gestalt des durch die Gemeinschaft der Steuerzahler finanzierten Gesundheitssystems, belastet.

Das vorgeschriebene Genießen der modernen liberalen, promiskuitiven Gesellschaft und das durch dieses Genießen kontaminierte Über-Ich, das mit einstimmt in die aufdringlichen Anrufungen: »Enjoy!«, »Sei, der du bist«, erweist sich als immer schon indirekt an die Vorschrift gebunden, das Surrogat zu wählen, d.h. bloß nicht wirklich Alkoholiker zu werden, nicht wirklich bis zum Ende ein unbändiges Sexleben zu führen. In Anbetracht dieser Herleitung ist der Verweis auf Lacans Kommentar anschaulich, dass nämlich eine Gesellschaft, die den ›Tod Gottes‹ verkündet, in der Gefahr ist, zu einem Gemeinwesen zu mutieren, in dem *nichts* mehr erlaubt ist. Lacan verkehrt Dostojewskis bekanntes Diktum »Wenn Gott nicht existiert, ist alles erlaubt« in sein Gegenteil: »Dieu est mort, plus rien n'est permis.«[50] Warum? Weil das Über-Ich mit dem Befehl des »Zu-*sich-selbst*-Kommens«, des »Sei-du-selbst«, das Subjekt permanent schuldig macht, weil es diesen Ort des Selbst-Seins und diesen absoluten Genuss *am* Selbst nicht gibt. Žižek schreibt Lacan zitierend: »I feel guilty without knowing what I am effectively guilty of, and this ignorance makes me even *more* guilty. It is this ›abstract guilt‹ that renders the subject vulnerable to the ›totalitarian‹ trap. So there is an aspect of truth in the conservative claim that the freedom of the modern subject is ›false‹«. (IR, 206-207)

In spätkapitalistischen Gesellschaften werden Subjekte nicht mehr aufgefordert, sich ihrem Streben nach *jouissance* zu enthalten, mit dem Ziel, z.B. stattdessen lieber ihr symbolisches Mandat in der bestehenden Ordnung zu erfüllen. In der modernen Gesellschaft sieht sich das Subjekt eher verpflichtet, sein Leben zu genießen und erfährt sich – wenn es in einem nur mittelmäßigen Leben, in einem nur ›so-called-life‹ ankommt – von der Schuld, nur auf nebensächliche Art und Weise gelebt zu haben, belastet. Vor diesem Hintergrund erklärt sich auch eine von Lacan bereits vertretene These, dass in der bürgerlich-kapitalistischen Gesellschaft der Hysteriker zu einem zentralen Menschentypus avanciert. Hysterie emergiert zu einer bestimmten Zeit in der Geschichte nämlich dann, wenn die symbolische Ordnung nicht länger eine garantierte und als befriedigend akzeptierte Antwort auf die Frage des Einzelnen hat, die lautet: »Che vuoi?«, was willst du? Was will der Andere, die symbolische Ordnung von mir? Der Verlust traditioneller sozialer Bindungen, wie er sich im Aufkommen der kapitalistischen Gesellschaft ergibt, führt zu einer Universalisierung und Hinauszögerung von Fragen, die ursprünglich in der Adoleszenz geklärt werden konnten, sich nun aber mehr und mehr in alle späteren Lebensetappen bis ins hohe Alter ausbreiten. Die nicht zu verleugnende Aktivität der Generation von Rentnern steht sprichwörtlich für die Sehnsucht, noch im hohen Alter eine Antwort auf das »Che voi?« zu finden. Der Hysteriker ist demnach nicht mehr fähig, aus den Strukturen der symbolischen Ordnung mühelos seinen Platz abzuleiten, wobei »[the] excess of doubt, of permanent questioning«, wie Žižek schreibt, vom Kapitalismus als »infinite metonymy of desire«

direkt in die Arme nicht endenden Warenkonsums spielt.[51] Kapitalismus ›füttert‹ die historische Öffnung dieser unendlichen Metonymie des Begehrens.[52]

II. Metapsychologische Ontologie

1. PHILOSOPHIE DES »GEBARRTEN« SUBJEKTS

Giorgio Agamben hat in seinem Buch *Die Zeit, die bleibt* die Briefe des Apostels Paulus in ein Wechselverhältnis mit Walter Benjamins *Geschichtsphilosophische Thesen* gestellt. Er analysiert den paulinischen Begriff der messianischen Zeit als *Jetztzeit*, die sich – als eine vom *Kairos* durchtränkte Zeit – von einem auf chronologischen Parametern beruhenden Zeitverständnis absetzt. Wie die im vorangehenden Kapitel angeführten Kommentare zum Zyniker angedeutet haben, scheint der Mensch der *Posthistoire* nahezu in einer solchen *Jetztzeit* zu leben, weil er keine Vergangenheit hat, die sich nach dem Zusammenbruch der »großen Erzählungen« nicht schon als ›Artefakt‹ entblößt hat, und er keine Zukunft sieht, die nach der Ablehnung jeder Form der Teleologie nicht von Desillusion kontaminiert ist. Diese Umstände berühren, wie wir gesehen haben, den Aspekt des Zynismus als eine moderne Form der Verhaltenslehre der Kälte.

Die Interpretation einer *Posthistoire*, die angeblich nur noch ewige Gegenwart im Bild *erstarrter Unruhe* kennt, stellt Philip K. Dick in den Mittelpunkt seines Sciencefiction Romans *Do Androids Dream of Electric Sheep*? Der Roman aus dem Jahr 1968 ist eine Dystopie, und er dient als Vorlage des Kinofilms *Blade Runner*, einem Klassiker des amerikanischen Film Neo-Noir aus dem Jahr 1982. Wir wollen auf diesen Film im Folgenden Bezug nehmen, da Žižek wiederholt zur Illustrierung seiner Theorie des »gebarrten« Subjekts auf ihn eingeht. Beide, Film wie Roman, thematisieren die besondere Zeitlichkeit des Lebens künstlich erzeugter Menschen, sogenannter ›Replikanten‹, wobei Žižeks Interesse an diesem Film in der Inszenierung von Künstlichkeit als *conditio humana* liegt. Aufgrund eines Mangels an authentischer Vergangenheit ist das Leben der im Film die Hauptrolle spielenden sogenannten ›Replikanten‹ durch eine eigenwillige Form von Extase geprägt, im Sinne des griechischen Wortes *ex-histanai*: sie sind aus dem Leben heraus-Gestellte, heraus-Gerufene. Ausgesetzt zwischen einer ihnen künstlich eingepflanzten und daher nicht als ›wahr‹ entzifferbaren Vergangenheit und einer fehlenden, nicht erwartbaren Zukunft, brennt ihre »Lebenskerze« verzweifelt schnell. Diese Wesen künstlicher Intelligenz werden für Philip K. Dick zu allegorischen Figuren eines ekstatischen Lebens in der *Posthistoire* generell.

NACHTRÄGLICHKEIT UND NICHT-KOINZIDENZ

Rachel, eine der Replikanten in dem Film, hält in einer zentralen Szene eine Photographie in ihrer Hand, auf der ein Kind mit seiner Mutter abgebildet ist. Als sie erfährt, dass das Bild keinen authentischen Zeitpunkt ihrer eigenen Lebensgeschichte abbildet (wie sie ursprünglich dachte), sondern Teil einer fiktiven Vergangenheit ist, die man ihr eingepflanzt hatte, um durch die Fiktion einer persönlichen Lebens*geschichte* sie berechenbar und kalkulierbar zu machen, erfährt sie sich *von Etwas* beraubt, abgeschnitten. Aber von was eigentlich? Die Erkenntnis, nur künstliche Existenz bzw. *anti-physis* zu sein, um einen Begriff aufzunehmen, den Lacan in seinem *Seminar XXIV* benutzt, zerbricht das Selbstverständnis ihres eigenen »Ichs« bzw. dessen, was Lacan »ego« (le moi) nennt.

Lacan entwickelt den Begriff des *ego* (le moi) in Abgrenzung zum Begriff des *je* oder *le sujet*. Er beharrt darauf, dass das *ego* eine imaginäre Funktion inne hat und nicht mit dem *sujet* verwechselt werden darf. Gegen die Vorstellung, das *ego* sei wie ein Agent, eine Instanz, durch die der Mensch seine Selbst-Entfaltung und Selbst-Evolution steuert, ist das *ego* (le moi) bei Lacan vielmehr charakterisiert als Schutzburg bzw. Abwehrinstanz gegenüber einer vom *le sujet* ausgehenden Dynamik, die Lacan als Suche nach der Wahrheit beschreibt.[53] Die Differenz zwischen *ego* und *sujet* erlaubt Lacan die imaginäre Abschließung des *egos* als Abblockung eines Entwicklungsprozesses zu verstehen, der, würde er nicht zurückgehalten, die Bewältigung des *egos* durch einen nicht kommensurablen Exzess übersteigen würde.[54] Rachels *ego* zerbricht, aber nicht weil das *sujet* dieses mit einem Übermaß triebhafter Energie überschwemmen würde, sondern weil vielmehr die genaue Gegeninstanz, die Instanz der symbolischen Ordnung (der Lacansche »große Andere«) ihr mit einem Mal wie ein (exzessiver) cartesischer Betrügergott begegnet und ihre Vergangenheit als Fiktion offenbart.

Mit Rachels anschließendem Ausbruch aus ihrem sozialen Umfeld und mit ihrem indirekten Bruch mit der etablierten symbolischen Ordnung beginnt nun, worauf Giuliana Bruno hingewiesen hat, ein Leben, das am besten durch Lacans und Fredric Jamesons Anmerkungen zur Schizophrenie verständlich wird. Jameson hat in seinem einflussreichen Artikel »*Postmodernism and Consumer Society*« mit dem Modell der Schizophrenie die menschliche Existenzweise in der Postmoderne zu interpretieren versucht. Der Aspekt der Schizophrenie interessiert uns, da er in Analogie zu dem steht, was Žižek als Besonderheit der menschlichen Existenz unter einem zwar anderen, aber doch analogen Verständnis von Zeitlichkeit und Integriertsein in die symbolische Ordnung interpretiert. Nach Jameson beruht Schizophrenie auf einem Kollaps von Signifikanten (Bedeutungsträgern). Dieser Zusammenbruch ist mit einem scheiternden Zugang zur symbolischen Ordnung verbunden. »[S]chizophrenic experience is an experience of isolated, disconnected, discontinuous material signifiers which fails to link up into a coherent sequence. The schizophrenic thus does not know personal identity in our sense, since our feeling of identity depends on our sense of the persistence of the ›I‹ and the ›me‹ over time.«[55]

Jameson behauptet, dass das Leben in der Postmoderne durch schizophrene Zeitlichkeit geprägt sei und als räumliches »*pastiche*« sich darstelle. Dies betrifft die gerade beschriebene Szene mit Rachel. Nachdem sie erfährt, dass die Photographie in ihrer Hand nicht ihre eigene Vergangenheit abbildet, sondern eventuell der nicht assimilierbare »Rest« eines fremden Lebens oder eine Fiktion ist, erkennt sie ihre Identität als eine Art »Tick«, als einen Kurzschluss im soziosymbolischen Netzwerk. Rachel fällt aus der symbolischen Ordnung, in der sie bisher unhinterfragt aufgehoben war. Ihr »Ich« kann, wie Jamesons Theorie offenlegt, keine Kontinuität in der Zeit als eine vom symbolischen Netzwerk garantierte linear verlaufende Achse bilden, weil ihre Vergangenheit als angebliche Illusion bzw. Artefakt ›enttarnt‹ ist. Dieser letzte Aspekt berührt indirekt eine Grunderkenntnis der Psychoanalyse selbst, wobei sich die Science-Fiction Geschichte wieder, worauf Žižek hinweist und was die Ursache seines Interesses an diesem Film betrifft, reintegriert in den Bereich der menschlichen Psyche.

Lacan zeigt auf, inwiefern das, was in der Lebensgeschichte des Menschen zurück liegt, nicht ›vergangen‹ ist. In unseren Erinnerungen und Träumen kehrt etwas davon zurück, was aber mit der Vergangenheit nicht in einem strikt kausalen Verhältnis steht. Vielmehr kann es sein, dass eine Erinnerung – ausgelöst z.B. durch eine bestimmte, beschämende Erfahrung – erst retrospektiv *entsteht*, mit anderen Worten nicht nur aktiviert wird, sondern z.B. vor der Erfahrung überhaupt kein Sein besaß. Das Subjekt ist weniger ein Archiv von Erinnerungen als der Ort eines Exzesses, der aus bestimmten, nicht fest zuordbaren Kurzschlüssen entsteht, die sich als Erinnerungen/Ereignisse erst retrospektiv konstituieren können und als solche verwoben sind mit einem nicht-assimilierbaren Detail. Einem solchen Detail begegnet Rachel in dem nun nicht mehr ›lesbaren‹ Foto. (Die Tränen, die ihr kommen, werden in der Regel so interpretiert, als leide sie am Verlust ihrer Kindheit. Man könnte ihre Tränen aber auch so interpretieren, dass sie nun erkennt, dass ihre Kindheit vielleicht doch nicht so furchtbar war, wie ihr der implantierte Memory-stick suggeriert. In dem Fall wäre die Erkenntnis, »nur« ein Replikant zu sein, verglichen mit dem Verlust der eigenen Mutter vielleicht ganz heilsam.) Der Exzess, mit dem Rachel im Blick auf die Photographie konfrontiert ist, gleicht dem Exzess einer Verdrängung, die erst in ihrem Auftreten *après coup* ›ist‹. Vielleicht hatten wir in früher Kindheit etwas Grundlegendes missverstanden (eine Berührung, ein Wort, eine Grimasse), von dem wir glaubten, dass es als traumatisierendes Ereignis unser Leben beeinflusst, schwer und schwierig gemacht hat. Das Vergangene und das Verdrängte liegen nicht wie in einem Archiv aufbewahrt, sondern sind ein immer wieder neu sich generierender Mehrwert, Überschuss, ein Exzess, der nicht als Tauschwert angesehen, sprich in einer psycho-physiologischen Inventur auf eine, ›unterm Strich stehende‹ Null gebracht werden kann (so sehr wir uns nach dieser Null auch sehnen mögen). Der Exzess als ein sich immer wieder neu generierender Überschuss/Mehrwert führt zu einer sich permanent verschiebenden Vergangenheit, die notwendigerweise angefüllt ist mit allen möglichen Verdrängungen. Žižek liest Hegels »Nacht der Welt« in den Begriffen eines solchen nicht-assimilierbaren Exzesses im Moment Cartesischen Zweifels, den er als ›Ursprung des Selbst‹ entfaltet. Es gibt, so Žižek, keine Subjektivität ohne diese von Rachel gemachte Erfahrung einer Geste des Rückzugs auf ein *cogito*, die dabei zum nicht zu verleugnenden Element der extremsten Selbsterfahrung des Subjekts wird. Sie spielt sich in der Kluft zwischen der natürlichen und symbolischen Ordnung ab. Das heißt im gewissen Sinne, dass die Erfahrung, die Rachel als eine Erfahrung des Verlustes, eine Erfahrung melancholischen Mangels an authentischer Vergangenheit macht, eine Erfahrung ist, die sie für Žižek gerade nicht als Replikanten enttarnt, sondern sie in den Horizont des Daseins stellt. Die Erfahrung des Verlustes dessen, was man nie gehabt hat, ist Ausdruck nicht-assimilierbaren Menschseins. Rachel kann die Signifikanten, wie sie unter anderem die Photographie versammelt und die mit der symbolischen Ordnung der Gesellschaft die Identität ihrer Person in einem bestimmten Kontext bilden, nicht an eine authentische Vergangenheit zurückbinden. Ihr »Ich« ist »disconnected«, »discontinuous« und sagt somit etwas über ein Leben in einem Kosmos aus, das keine Welt mehr kennt (oder nie kannte) im Sinne von Heideggers *Geviert* von Sterblichen, Göttlichen, Himmel und Erde. Was nach Žižeks Paulus-Interpretation in einem analogen Verhältnis zum Akt der Existenz in Christus Jesus gehört, den Abgrund zwischen Gott und Menschheit als einen immanenten Abgrund in Gott selbst zu sehen und so »to unplug [from the symbolic order]« (Santner), in der Gott jenseits des Horizonts stand, ist etwas, was Rachel notgedrungen tun muss: ihr Potential zum politischen Akt zu erkennen, mit dem sie sich von der symbolischen Ordnung des großen Anderen lossagt.

Für Lacan sind Vergangenheit, Gegenwart, Zukunft und Erinnerung von sprachlicher Ordnung. Das heißt für ihn, dass die Erfahrung von Zeitlichkeit und ihren Auswirkungen ein Effekt der Sprache selbst ist.[56] Es ist ihre Struktur, die uns erlaubt, die Zeitlichkeit so zu begreifen, wie wir es tun: als eine lineare Entwicklung von der Vergangenheit über die Gegenwart bis hin zur Zukunft. Historische Kontinuität hängt dabei ausdrücklich von der Akzeptanz ›paternaler Autorität‹ ab, wie Lacan sagt. Er spricht in diesem Sinne vom »Namen-des-Vaters« als linguistischer (aber letztlich auch als ontologischer) Funktion. Bricht dieser »Name-des-Vaters« als Herrensignifikant weg, droht dem Menschen das Abgleiten in eine Psychose, in der auch die »Zeit« nicht mehr als identitätstrukturierendes Moment bestehen bleibt.

Wie wir schon oben deutlich gemacht haben, beruht Lacans Grundthese darauf, dass der Herrensignifikant (der mit Lacans Begriff des »Namen-des-Vaters« eine große Schnittmenge bildet), als Leerstelle, als Negativform, die Welt der Diskurse regiert. Er ist grundlegend hohl und tumb und zwar in einem doppelten Sinne: nämlich dass er am kraftvollsten ist, wenn er schweigt, und dass er in seiner Essenz absurd, tautologisch und bedeutungslos ist. Der Herrensignifikant ist nicht ein Wort, sondern er ist *Das Wort*. Und er ist nicht nur das Wort, das unser Leben determiniert (vielleicht aufgrund eines Satzes, den wir missverstanden haben, als wir drei Jahre alt waren), aber er ist *Das Wort*, welches das Universum erschafft.

Schizophrenie beruht, wie Jameson aufweist, gerade auf dem Scheitern daran, in diese symbolische Ordnung, wie sie durch den »Namen-des-Vaters« verbürgt wird, einzutreten. Sie steht für einen Zusammenbruch der Sprache, der einen Einbruch von Zeiterfahrung mit sich bringt. Schizophrenie wird in *Blade Runner* zur *conditio humana* und damit zur Allegorie moderner Existenz. Wo Vergangenheit und Zukunft sich auflösen, wird die Gegenwart in ihrer Allgegenwärtigkeit erdrückend. Jameson schreibt: »The schizophrenic does not have our experience of temporal continuity but is condemned to live a perpetual present with which the various moments of his or her past have little connection and for which there is no conceivable future of the horizon.«[57] In diesem Sinne haben die Replikanten nur die Möglichkeit »to a life composed only as a presente tense.«[58] Das Ausgesetztsein eines Ichs, das keine Ruhe findet in der symbolischen Ordnung, führt zu einem Leben, das kein Geborgensein in einem Sinnhorizont erfährt. Gleichzeitig wird dadurch aber alles auffällig, bedeutsam, was dem Subjekt vor die Augen kommt. Jameson: »[A]s temporal continuity breaks down, the experience of the present becomes powerfully, overwhelmingly vivid and ›material‹. The world comes before the schizophrenic *with heightened intensity.*«[59] Daher wird der im Film dominierende Fokus auf die Augen der Replikanten verständlich. Ihr Sehen ist eine Form von Ekstase. Gerade indem diese ›künstlichen Menschen‹ aus den festen Koordinaten der Zeitlichkeit herausfallen, erfahren sie mehr als andere eine Erschütterung im Verhältnis zu dem, was Lacan die Totalität der symbolischen Ordnung nennt. In ihrer ekstatischen Lebensweise liegt eine gefährliche Fehlfunktion, wobei diese Fehlfunktion etwas mit dem Freud'schen Begriff des *Todestriebs* zu tun hat. Todestrieb meint hier nicht eine dem Menschen eigentümliche Sehnsucht, in die anorganische Natur zurückzusinken, sondern Todestrieb meint vielmehr einen Exzess des Lebens selbst. »[Death drive represents] the way immortality appears within psychoanalysis, for an uncanny excess of life, for an ›undead‹ urge which persists beyond the (biological) cycle of life and death, of generation and corruption." (PV, 62)

DESCARTES' *COGITO*

An mehreren Stellen verweist der Film *Blade Runner* explizit auf Descartes' *Meditationes*, z.B. im Zitat des *cogito ergo sum.*[60] Gleichzeitig stellt sich die Frage, wo dieses *cogito*, der Punkt meines Selbstbewusstseins, zu lokalisieren ist, wenn all das, was ich bin, nichts ist als »künstliche Intelligenz«. Wir erkennen hier die von Descartes selbst erwähnte Situation, in der das Subjekt sich von einem Manipulator-Gott in die Irre geleitet sieht und nun die Frage stellt, was in Anbetracht eines solchen Gottes dem Subjekt noch in irgendeiner Weise Konsistenz und absolute Sicherheit geben kann. Descartes behauptet, dass dieser Punkt der Zweifel selbst sei, wenn das Subjekt in seiner Not sagt: »Ich zweifle, also bin ich«. Lacan sieht dies nicht so und betont, dass das cartesische *cogito* kein Ort der Selbstpräsenz sein kann. Žižek schreibt: »›Ich denke‹ nur insofern, als ich für mich selbst unerreichbar bin *qua* noumenales Ding, das denkt« (VN, 24). Die Präsenz des »ich denke« ist immer schon verloren. Es ist transphänomenal. Es ist »kein Ort der inneren Erfahrung oder Anschauung [...] er ist [...] vielmehr die Leere seines Mangels« (VN, 25).[61]

Das cartesische Problem spiegelt sich in Lacans Unterscheidung zwischen dem *Subjekt der Aussage* und dem *Subjekt des Aussagens* (Seminar XI). Dasjenige, was denkt, ist nicht identisch mit dem, *was* es denkt. Worauf Lacan hinweist, ist der Umstand, dass die Position, von der aus die Äußerung kommt, niemals mit dem sich äußernden Subjekt zusammenfällt. Es bleibt immer etwas, das sich nicht aussagen lässt und das darauf hindeutet, dass es immer noch etwas anderes gibt in ihm, im Subjekt des Aussagens, das nicht in die Inhalte der Sprache gebracht werden kann. Dies ist kein großer Trost für die Replikanten, denn es verweist sie nur auf die Unmöglichkeit, in der Behauptung »Ich bin kein Replikant« ihr

Menschsein zu beweisen. Daher behauptet Žižek, dass den Replikanten einzig die paradoxe Möglichkeit bleibt, zu sagen »I am a replicant«, und damit genau die Negation dessen auszusagen, was sie verkörpern wollen. Žižek schreibt: »It is only when, at the level of the enunciated content, I assume my replicant-status, that, at the level of enunciation, I become a truly human subject. ›I am a replicant‹ is the statement of the subject in its purest« (TN, 41).

Damit spielt, wie Robert Pfaller aufgezeigt hat, Žižek auf einen paradoxen Mechanismus an, den Freud in seiner Schrift *Die Verneinung* (1925) thematisiert. Freud beschreibt in dem Text die Erfahrung, wie Patienten, die von Frauenfiguren in ihren Träumen sprechen, darauf hinweisen, dass diese Frauenfiguren nichts mit ihrer Mutter zu tun hätten. Freud deutet nun den Satz »Es ist *nicht* die Mutter« als Gegenteil: »Es *ist* also die Mutter.« Worauf Freuds These hindeutet, entspricht dem Riss zwischen den beiden von Lacan herausgearbeiteten Sprachebenen. Auf der Ebene des Gesagten scheint alles in Ordnung zu sein. Aber das Problem stellt sich insofern, als die Mutter *überhaupt* erwähnt wird. Wenn der propositionale Gehalt der Äußerung sagt »es ist nicht die Mutter«, verweist nach Lacan dieser Inhalt auf eine zweite Botschaft, »dass in dem, was unbewusst ist, alles nicht lediglich verdrängt ist. Das heißt vom Subjekt, nachdem es verbalisiert worden ist, [...] dass man hinter dem Vorgang der Verbalisierung eine ursprüngliche *Bejahung* annehmen muss, eine Zulassung im Sinne des Symbolischen, die ihrerseits fehlen kann.«[62] Die Verneinung verdoppelt tautologisch, was wir für unnötig zu betonen hielten. Sie setzt das Verneinte unter den Verdacht bedeutungsvoll zu sein und legt eine Nicht-Koinzidenz zwischen dem Subjekt der Aussage und dem Subjekt des Ausgesagten zutage. Es zeigt sich, dass in dem Subjekt noch etwas mehr ist. In diesem Sinne versteht Žižek die Bejahung »Ich bin ein Replikant«. In ihm drückt sich die Chance aus, dass die Replikanten in dem Moment, in dem sie ihren Status als Replikanten anerkennen, *mehr* sind als pure Materie. Denn was die Anerkennung ihres ›Status‹ offenlegt, ist die nicht anders als menschlich zu nennende Nostalgie nach einer ungebrochenen Identität, die nicht von Appellen, enigmatischen und exzessiven Botschaften Dritter unterhöhlt wurde. Diese Nostalgie ist aber selbst die Nostalgie des Subjekts: »In short, the implicit thesis of *Blade Runner* is that the replicants are pure subjects precisely insofar as they testify that every positive, substantial content, inclusive of the most intimate fantasies, is not ›their own‹ but already implanted. In this precise sense the subject is by definition nostalgic, a subject of loss [...] the infinite longing [...is what makes] me human.« (TN, 41)

Lacan behauptet, wie gesagt, dass Descartes sich dort irrt, wo er glaubte, seine Proposition des *cogito* gleiche von der Struktur her einem Identitäts-Satz nach dem Muster: Ich denke = Ich bin. Žižek: »Descartes' Irrtum war gerade die Verwechslung der empirischen Realität mit der logischen Konstruktion *qua* dem Real-Unmöglichen.« (VN, 24) Für Lacan ist das Resultat ›Ich bin‹ des Prozesses ›Ich denke‹ ein Ich von symbolischer Realität. Es ist ein Konzept. Es ›ist‹. Aber dieses Ich, das ›ist‹, ist radikal inkommensurabel mit dem Ich, das ›denkt‹, da dieses Denken für Lacan im strikten Sinne nicht mit ›Sein‹ zusammenfällt. Was Descartes daher hätte schreiben sollen, ist das genaue Gegenteil seiner Proposition. Mit den Worten von Mladen Dolar, der zu Lacans Auseinandersetzung mit Descartes wertvolle Kommentare gegeben hat: »Ich bin nicht dort, wo ich zu denken glaube.«[63]

Es ist daher nicht verwunderlich, wenn Descartes' *cogito* aus poststrukturalistischer Perspektive als der wahnwitzige Ausdruck eines abendländischen Subjektverständnisses angesehen wurde, das glaubt, aus der egomanen Position eines atomisierten Ichs auf die Welt wie auf ein ›extraterrestres‹ Objekt schauen zu können. Daher wurde das *cogito* bisweilen als Ursprungsformel eines über Jahrhunderte sich selbst-entfremdenden neuzeitlichen Menschentypus für die bekannten Katastrophen abendländischer Geschichte verantwortlich gemacht. Žižek stellt sich dieser Kritik entgegen. Er bemerkt, dass ein fundamentaler Aspekt von der poststrukturalistischen Kritik an Descartes' *cogito* vernachlässigt wurde, nämlich dass sich darin eine für den Menschen notwendige Rückzugsgeste verbirgt, die Subjekt-konstituierende Bedeutung hat.

Zunächst aber soll eingestanden werden, dass für Žižek das *cogito* Descartes' ebenso »*die Wahl des Denkens auf Kosten des Seins*« (NdW, 78) repräsentiert. In diesem Phantasma findet sich der Mensch auf den »verschwindend kleinen Punkt seines Denkens reduziert« (NdW, 78), als könnte es eine Distanz zu seiner eigenen körperlichen Präsenz einnehmen und »die Realität ›hinter seiner eigenen Retina‹ beobacht[en].« (NdW, 79) In diesem Sinne ist das cartesische *cogito* gleichzeitig ein gutes Modell psychotischen Wahnsinns. Wo das Ich jeden Kontakt verliert mit einer wie auch immer gearteten Konkretheit, bleibt nur noch ein schreiender Kopf in einem Chaos-ähnlichen Universum.[64] Dieser Moment aber ist für Žižek als momentaner, traumatischer, mit Schrecken erfüllter Erfahrungsraum konstitutiv. Und es ist hier, wo Žižek sich von der poststrukturalistischen *cogito*-Kritik absetzt. Denn dieser Moment markiert den Ort, an dem das Subjekt – auf sich selbst zurückgeworfen – sich erfahrend bildet. Descartes setzt nicht den entfremdeten Zentraleuropäer als *homo faber* ein, der die Welt zugunsten seiner Begehren instrumentalisiert, sondern sein *cogito* beschreibt eine notwendige und schmerzhafte Geste der Subjektbildung oder Selbstgewahrwerdung. »Wenn der phantasmatische Rahmen sich auflöst, unterliegt das Subjekt einem ›Realitätsverlust‹ und beginnt, die Realität als ein ›irreales‹ alptraumhaftes Universum ohne sichere ontologische Fundierung wahrzunehmen« (TS, 74).

Man hat uns verpetzt, von einer Schaukel fallen lassen, an einer Bushaltestelle zurückgelassen, etc. Der passivische Charakter dieser Situationen verweist auf eine »resignierte Hingabe an die Realität« (Lacan).[65] Nicht ein einzelnes Trauma ist bedeutsam, sondern ein unendliches Netz von Katastrophen, in denen wir uns wie in die Zwangsvorstellung von Descartes' *cogito* gesteckt vorfanden. Wie die auf Freuds Zauberblock zurückbleibenden Spuren führen sie dazu, die Umwelt mit suspektem Blick zu betrachten. Und dennoch entsteht Lacan und Žižek zufolge Selbstbewusstsein gerade aus einem solchen psychotischen Moment, in dem das Subjekt erkennt, dass es nicht auf das reduzierbar ist, was es denkt oder was es bezweifelt. Wahnsinn ist nicht der Moment, in dem das Subjekt aus einer präexistierenden sozialen Realität heraus fällt, sondern Wahnsinn ist das Moment, aus dem das Subjekt heraustritt, um die soziale Realität zu konstruieren. Hegels »Nacht der Welt« ist daher präontologische Bedingung für den Moment, von dem aus das Subjekt mit phantasiegespeisten Konstrukten seine Wirklichkeit gestaltet und den Bereich der »madness« hinter sich lässt: nicht wie ein Subjekt, das – sinnbildlich gesprochen – von einem Raum in einen anderen geht und die Tür hinter sich zuschließt, sondern wie ein Wesen, welches erst, nachdem die Tür im Rücken zugefallen ist, seine ersten Konturen erkennt. Daher ist Descartes' *cogito* als existentielle Geste des Wahnsinns für Žižek notwendig, um das

Subjekt zu konstituieren und weniger poststrukturalistisches Feindbild eines egomanen Subjekts. Der Mensch erfährt sich erst als denkendes Wesen, wo er fähig ist, alles um sich herum in Frage zu stellen und auf sich selbst zurückgeworfen wird, auf eine Angst, auf einen Schrei, eine Panik. Subjektivität entsteht aus einem fundamentalen Misstrauen gegenüber dem Universum, das das Subjekt umgibt. Gleichzeitig ist dieses Misstrauen immer nur innerhalb der symbolischen Ordnung selbst möglich.[66] Das schließt die Erkenntnis ein: wo dieser radikale Zweifel an allem Konkreten andauert, führt er nicht mehr zu subjektiver Selbstgewissheit, sondern zur Psychose.

Das *cogito* hat also mehrere Funktionen bei Žižek. Es verweist auf die Unmöglichkeit eines Ichs, das glaubt, sich in der Abstraktion von aller Konkretheit selbst besitzen zu können. Aber es verweist gleichzeitig auf einen Moment der Subjektkonstitution. Das *cogito* steht für die Eruption des Selbstbewusstseins. Es ist eine Form der Verrücktheit, die das Subjekt hervortreten lässt zwischen Tier-ähnlichem Vegetieren und menschlichem *Ex*istieren. Das *cogito* steht für eine existentielle Geste, mit der der Mensch sich als Subjekt konstituiert.

KOMMUNIKATION DES FEHLVERSTEHENS

Ein cinematographisches Pendant zu der Figur von Rachel in *Blade Runner* ist die Hauptfigur eines weiteren von Žižek geschätzten Films mit dem Titel *Being There* (1979). Dieser Film greift ebenso die Thematik von Descartes' *cogito* auf, nur in umgekehter Form. In einem analogen Sinne geht es dabei um den paradoxalen Prozess der Identitätsbildung.[67]

Der Held des Films, gespielt von Peter Sellers, ist ein älterer, an das Schicksal Kaspar Hausers erinnernder Mann namens Chance (bzw. Chancey), der sein Leben lang von einem »alten Herren«, »the old man«, in dessen Haus gefangen gehalten wurde. Dort diente der etwas geistig zurückgebliebene Chance als Gärtner, ohne jemals das Haus verlassen zu haben. Wenn es Inhalte in seinem Leben gab, so hat er sie über Jahrzehnte nur dem Fernseher entnommen. Eines Tages stirbt sein Herr (»the Old Man«) und Chance verlässt in den vornehmen Kleidern des Verstorbenen nach mehr als sechs Jahrzehnten der Isolation das Haus. Er ist die Ausgeburt anmutiger Dummheit und so – im Vergleich zu *Blade Runner* – der Antipode zu jeder Form von Intelligenz, sei sie künstlich oder nicht. Lebenslanger Fernsehkonsum hat ihn dazu gebracht, entweder gar nichts zu sagen oder aus dem Fernseher aufgegriffene Plattitüden zu wiederholen wie die Begrüßungsformeln von Politikern, die in Talkshows den Moderator mit »It's great to see you!« begrüßen. Der Film beschreibt nun, wie Chance *the gardner* zu Chancey Gardner mutiert und gerade aufgrund seiner Einfältigkeit eine mehr als fantastische Karriere macht. Am Ende des Filmes wird er als Kandidat für den Präsidenten der Vereinigten Staaten verhandelt.

Gardners eigene charakterliche Leere, seine Fähigkeit zur authentischen Lüge (»It's great to see you!«), führt dazu, dass die Menschen um ihn herum alle etwas anderes in ihm sehen: einen Weisen, einen *connaisseur* oder *homme de lettres*. Sein wiederholt ausgesprochenes Bekenntnis »I don't read, I don't write, I like to watch TV«, wird als Meisterschaft ironischer Scherzhaftigkeit eines Super-Intellektuellen angesehen. Während Rachel in *Blade Runner* aus der symbolischen Ordnung ihrer Welt heraus fällt, weil sie eine grundlegende Erfahrung macht, die den Menschen in seiner *conditio humana* definiert (der Mensch ist mehr als er selbst, er verkörpert ein von der symbolischen Ordnung nicht assimilierbares X), wird Chancey Gardner gerade in seinem Autisten-Sein von der

Gesellschaft wie ›aufgesogen‹, eben weil er als Medium authentischer Tumbheit eine Art Leerform, Behälter ist, in den alle dasjenige hineinsehen, was alle vermissen: die Kombination von Weisheit, Gerissenheit, Klugheit und authentischer Bescheidenheit. Chance[68] ist gleichzeitig das Musterbeispiel von Lacans *sujet supposé savoir*, mit anderen Worten: das Subjekt, von dem erwartet wird, dass es weiß. Was der Film mit Žižeks Philosophie teilt, ist der humoreske Aufweis, wie Kommunikation auf allen Ebenen sozialer Beziehungen nicht durch fundamentale Fehlkommunikation in Frage gestellt wird, sondern wie Kommunikation immer wieder auch durch ein Fehl-Lesen, Missverstehen der Botschaften des Anderen gelingt.

DAS PHANTASMA VOM UNMÖGLICHEN BLICK

Aus dem bisher Gesagten ist die von Žižek immer wieder thematisierte Nicht-Koinzidenz des Subjekts deutlich geworden. Ein weiteres, das Thema illustrierendes Beispiel dazu findet sich in seinen Anmerkungen zu David Lynchs Film *Blue Velvet*. In diesem Film untersucht Žižek die Nicht-Koinzidenz des Subjekts am Beispiel dessen, was er das Phantasma des unmöglichen Blickes nennt.

Žižek zufolge setzte eine Filmszene aus *Blue Velvet* Freuds Theorem der »Urszene« cinematographisch um. (SW, 210) In der besagten Szene beobachtet der Held durch einen Türspalt eine Vergewaltigung. Nach Freuds Theorie sieht das Kleinkind seine Eltern in der sogenannten »Urszene« beim Geschlechtsakt. Freud unterstreicht, dass dieser Moment beobachtet, aber auch nur phantasiert sein kann. Wenn Žižek auf diesen Moment am Beispiel von Lynchs Meisterwerk eingeht, so weil die Urszene bei Freud eine Lücke in der synchronen Zeitfolge inszeniert, mit der das Subjekt sich selbst »aufklären«, seinen Mangel an Legitimität, seinen eigenen Ursprung vorgeführt bekommen möchte. Gleichzeitig beweist diese Szene, dass das Subjekt genau *der Mangel diesen Ortes selbst ist*, die Lücke in seiner eigenen Genese. Das Subjekt ersetzt in Freuds Urszene seinen Seinsmangel durch einen solchen unmöglichen Blick. Das Subjekt – getrieben von der Frage nach seinem Ursprung – vor-erfindet sich nachträglich. Das Phantasma des unmöglichen Blicks inszeniert einen Nicht-Ort, der bei Žižek für das Bedürfnis des Subjekts steht, seine Ankunft aus der Positivität eines natürlichen Prozesses zu erklären. Diese »Positivität« ist, so könnte man sagen, das Zentrum einer jeden Geburtstagsfeier, die über das Trauma der Unerklärbarkeit des eigenen Ursprungs vergessen machen soll, in dem es in Gestalt einer Ankunfts- oder Überraschungsfeier das Geburtstagskind als den begrüßt, den man immer schon erwartet hatte.

Das Phantasma vom unmöglichen Blick verweist uns wieder auf Lacans »gebarrtes« Subjekt, das unfähig ist, diese Lücke in der synchronen Zeitfolge auszufüllen. Die Kluft zwischen Ursache und Wirkung, die das Subjekt nicht füllen kann, kehrt als Effekt zurück. Er ist das Subjekt *selbst* und führt, wie Lacan unterstreicht, dazu, dass das Subjekt immer schon eine mit sich im Unreinen liegende bzw. mit einer Lücke in der großen *Kette des Seins* assoziierbare *Anti-physis* ist. Das Phantasma des unmöglichen Blicks versucht den Hiatus zu überbrücken, dass die Zeugungsszene für den Menschen einen nicht-assimilierbaren Kern beinhaltet, eben seine Abwesenheit. Die Kontingenz der Zeugung bleibt ein Exzess, um den herum der Mensch verschiedene Phantasien baut, um seine Notwendigkeit (die Notwendigkeit seiner Existenz) retroaktiv zu etablieren.[69]

Dieses Phantasma des ausgeschlossenen Blickes, der die Notwendigkeit des Ausschlusses in die Koordinaten der Urszene offenlegt, betrifft auch die symbolische Ordnung.

Diese Ordnung ist für Žižek immer auch eine »Domäne der Falschheit« (SW, 208), weil sie etwas mit dem traumatischen Detail zu tun hat, das (ebenso wie die Unmöglichkeit des unmöglichen Blicks) verdrängt werden muss, damit die Koordinaten der Sinnstruktur bestehen bleiben. Die Wahrheit verbirgt sich hinter dem verdrängten Moment, das die etablierte symbolische Ordnung nicht sehen kann, weil sie es nicht sehen darf. Dieses Detail, das für Žižek etwas mit dem philosophisch schwer vorbelasteten Begriff »Wahrheit« zu tun hat, garantiert die Kohärenz der symbolischen Ordnung, weil es als ›*missing link*‹ Sinn konstituiert, aber gerade dadurch eine ganz andere Wahrheit, eine ganz andere Welt ausschließt. Žižek: »Das vom Subjekt gewählte Sein hat [...] seinen Halt im Phantasma [...] Die Wahl des Seins ist die Wahl des Phantasmas, das dem, was ›Realität‹ genannt wird, den Rahmen und die Konsistenz verleiht, während das ›Unbewusste‹ Wissensreste bezeichnet, die diesen phantasmatischen Rahmen subvertieren.« (SW, 158)

Žižek sieht in Heidegger einen Wegbereiter des Lacan'schen Subjekts. In *Parallaxe* schreibt er: »Heideggers größtes Verdienst ist die Elaboration des Begriffs der *Endlichkeit* als positiver Konstituente des Menschseins [...] Der Mensch ist immer auf dem Weg zu sich selbst, im Werden, behindert, in eine Situation geworfen, [...] einem überwältigenden *Ding* ausgesetzt.« (P, 339) Nur innerhalb einer Lebenswelt, die geprägt ist durch Endlichkeit, begegnen uns Entitäten als ›intelligibel‹. »Die transzendentale ›Bedingung der Möglichkeit‹ ist folglich die Kehrseite der Bedingung der Unmöglichkeit: Was die Offenheit der Welt und ihres Horizonts konstituiert, ist gerade die Unmöglichkeit des Menschen, die Wirklichkeit unmittelbar anzuschauen.« (P, 340)

2. IM DUELL MIT DEM NEGATIVEN

DER GEIST IST EIN KNOCHEN

In seinem Text »La direction de la cure et les principes de son pouvoir«[70] behauptet Lacan, dass das Objekt der Psychoanalyse die »anti-physis« sei. In einer Session seines *Seminars XXIV* nimmt er den Begriff der Gegen-Natur wieder auf, um zu unterstreichen, dass dieser leichter zu verstehen sei als der Begriff der Natur selbst. Die angebliche »Natur des Menschen« erweise sich immer schon durchstochen von einem Moment eines nicht assimilierbaren X. Selbst gegenüber einem Menschen am »Gipfel seiner Wünsche«, der angeblich das »Leben in Fülle hat«, müsse man feststellen, so Lacan, es gäbe »nichts Enttäuschteres« als diesen. »[Drei Minuten] mit ihm zu sprechen, aufrichtig, wie vielleicht nur das Artefakt der psychoanalytischen Couch es erlaubt, [genügen,] um zu wissen, dass letzten Endes dieses Dingsda [dieses Glück] das Dings ist, auf das er pfeift.«[71] Der Grund für diesen paradoxen Umstand liegt für Žižek (Lacan folgend) darin, dass das Individuum nur durch einen Prozess nicht endender Verkennungen und Verfehlungen zutage treten kann, die auch durch das Erreichen des »Gipfels der Wünsche« nicht ausgelöscht werden. In einem Prozess, der durch zwei gegenläufige Bewegungen geprägt ist, taucht das Subjekt *auf*, während es seinerseits in einer symbolischen Ordnung voll von Bedeutungsträgern (Signifikanten) *ein-* bzw. *unter*taucht, die es von frühester Kindheit an verinnerlichen muss. Sie nähren das Phantasma eines Lebens, das immer auch irgendwie *ganz anders* hätte sein können. Einem »so-called life« begegnet immer das Phantasma eines »real life«. Wie erfüllt hätte mein/unser Leben eigentlich sein können? Das in Erscheinung treten, Hervortreten von Identität und das Verkanntwerden derselben, ist ein und derselbe Prozess, da die Identität gebenden Signifikanten am Ursprung des Subjekts nie die seinen waren. Gesucht wird eine feste Wirklichkeit, eine feste Identität des Subjekts als ›Substanz‹, die sich nicht mehr in Akzidenzien verflüchtigt, was aber letztlich nie gelingt.

Wenn infolgedessen, wie im Abschnitt über die traumatische Unmöglichkeit der Gesellschaft dargelegt, der Mensch so große Schwierigkeiten hat, mit dem Bereich des Politischen zurechtzukommen, so hängt dies damit zusammen, dass er selbst eine traumatische Unmöglichkeit verkörpert. Gleichzeitig kann der Mensch nur deshalb eine Identität entwickeln, weil er der blinde Fleck in einer Struktur ist, den zu erkennen ihm ontologisch unmöglich ist: weil, wie Žižek sagt, *non-percipi* Bedingung seines Seins ist. Selbsterkenntnis ist »durch das ›logische Netz‹ im Weltplan« strickt verboten. »Darin liegt gleichzeitig und widerspruchslos das Prinzip des freien Willens wie das Prinzip der vollkommenen Determinierung. Esse ist wesentlich abhängig vom non-percipi.« (L!, 33)

In *Grimassen des Realen* setzt sich Žižek vor dem Hintergrund dieses Themenbereichs mit dem Denken Johann Gottlieb Fichtes auseinander. Für Fichte ist, wie Hegel schreibt, die »Grundlage [...] die intellektuelle Anschauung, reines Denken seiner selbst, reines Selbstbewusstsein Ich=Ich«.[72] Für Fichte ist das sich im Modus intellektueller Anschauung selbst denkende Denken absolut. Ihm begegnet kein Jenseits von sich, demnach auch kein kantisches »Ding an sich«. Für Fichte war es undenkbar, dass es vom Denken ein ›Unabhängiges‹ geben könnte, wie Kant es in der *Kritik der reinen Vernunft* nahelegt, von dem das Ich abhinge oder von außen bestimmt sei. Eine solche Abhängigkeit würde notwendig der Freiheit des Menschen Grenzen setzen. Žižek behauptet nun, dass Fichtes These eines »sich selbst« und sein »Seyn« setzenden Ichs, auch dann, wenn es versucht über Kants »Ding an sich« hinauszugehen, letztlich erst von Hegel korrigiert wird. Wenn Fichte den Gedanken einer reinen Selbstsetzung des Ichs entwirft und behauptet, dass gerade jener Punkt, der dem wirklichen Subjekt für immer unzugänglich ist, den Punkt seiner absoluten Selbstidentität bildet, dann sieht Žižek darin immer noch den Gedanken verborgen, einen Ort reiner Selbsttransparenz zu konzipieren. Dieser täuscht vor, es gäbe (mit Lacan gesprochen) so etwas wie ein absolutes Zusammenfallen »der Aussage (des propositionalen Gehalts) mit ihrem Prozess des Aussagens; d.h. er bezeichnet einen Inhalt, der aus nichts anderem besteht als dem Akt seiner eigenen Setzung.« (GR, 94)

Žižek möchte in seinen Anmerkungen zu Fichte darauf hindeuten, dass Hegels Selbstreflexion nicht, wie eine weitverbreitete Hegelkritik meint, in dem Sinne ›absolut‹ ist, dass sie restlos imstande sei, in einer zirkulären Bewegung ihre eigenen Voraussetzungen zu setzen. Žižek sieht in Hegel stattdessen den Philosophen, der die dialektische Bewegung immer schon als diejenige interpretiert, die »einen Überschuss voraus[setzt], der der dialektischen Vermittlung entgeht.« (GR, 95) Mit diesem Gedanken setzt er sich von Fichte ab. Hegel verorte einen Punkt der Nicht-Koinzidenz, nicht in einer inneren »Selbstvertrautheit« der Selbstreflexion, wie Fichtes *Wissenschaftslehre* nahelegt, sondern »in der radikal kontingenten Äußerlichkeit eines materiellen inerten nicht-rationalen Rests« (GR, 95). Diesen nennt Žižek auch ein »Stück des [Lacan'schen] Realen« (GR, 96), da es sich jeder Repräsentation entzieht. In diesem Zusammenhang erklärt sich für Žižek Hegels fremd anmutendes Diktum: »Der Geist ist ein Knochen«. Žižek liest diesen oft von ihm zitierten Satz, der Hegels absoluten Widerspruch ›Geist=Knochen‹

zum Ausdruck bringt, in Opposition zur Fichte'schen Identitätsformel ›Ich=Ich‹. Der Schädelknochen steht für ein Korrelat, das sich *nicht* als eine Form der Objektivierung des Subjekts versteht, durch den das Subjekt diesen Widerstand des Knochens in eine Bewegung der Reflexion in sich integrieren könnte, um beim Ficht'schen ›Ich=Ich‹ wieder anzukommen. Der ›Schädelknochen‹ steht dafür, wie das Subjekt sich immer nur in einem Stück des radikal kontingenten Lacan'schen »Realen« verwirklichen kann, den es gerade *nicht* integriert. An diesem zentralen Punkt artikuliert sich Žižeks Kritik an einer bestimmten, aus seiner Sicht, allzu einseitigen Hegel-Lektüre, die in dem Hauptvertreter des deutschen Idealismus den Denker eines totalitären Universalismus erkennt.

KAFKAESKE MANGELSTRUKTUREN

Das Subjekt, das sich von Objekten umgeben sieht, kann sich nicht selbst als Objekt erkennen. Selbsterkenntnis ist notwendig dem *non percipi* unterworfen. Zwar weiß das Subjekt, dass es etwas ist. Aber es kann niemals wissen, *was* es ist. Gerade aus diesem Grund ist das Subjekt gezwungen, Zugänge zu seiner Identität über die Wege des sozialen und politischen Lebens zu finden, indem es z.B. die anderen bzw. den »großen Anderen« fragt: »Che vuoi?«, »Was willst Du?«, »Was wollt ihr?« Die Antwort auf diese Frage entwickelt sich nach Lacan im Phantasma, das Lacan mit dem Mathem $\$ \diamond a$ bezeichnet. Das Phantasma versucht, das Fragen des Subjekts nach dem Begehren des Anderen in ein Objekt (*objet petit a*) zu verwandeln, das dieses Begehren des Anderen darstellt. In einem übertragenen Sinne erweisen sich Kafkas Werke als Versuchsreihe dieser (Begehrens)-Prozesse, da Kafkas Anti-Helden im Appell des oder der Anderen um ihre eigenen Mangelhaftigkeiten kreisen. Immer wieder erfahren sie sich verunsichert, in Frage gestellt und zur permanenten Neu-Interpretation der Sachlagen (besser: Aktenlagen) herausgefordert, in denen sie sich befinden. Das Phantasma bietet Antwort und Beschwichtigung auf diese Fragen. Es bietet eine Antwort darauf, was der Andere von mir will.

Gleichzeitig wird durch das Phantasma eine doppelte Mangelhaftigkeit verdeckt: die des Subjekts und die des »großen Anderen«. Das Phantasma begegnet uns als ›Immunsystem der Psyche‹. Es eröffnet uns einen Bereich, in dem wir begehren können: »[it] teaches us how to desire«, wie Žižek sagt.[73] Das Phantasma schützt das Subjekt gegenüber dem Lacan'schen Realen als dem nichtrepräsentierbaren Abgrund, der für die Unabgeschlossenheit der symbolischen Ordnung steht. Es kann uns aber auch permanent von einer verborgenen Wahrheit auf Distanz halten.

Žižek konstatiert nun, dass gerade das ›Gebannt-sein‹ durch z.B. erhabene Objekte der Ideologie (in denen das Subjekt eine Antwort sucht auf die Frage »Che vuoi?«), das Subjekt dazu veranlasst sein kann, der Ideologie immer einen kleinen Schritt voraus zu sein. Diesen vorauseilenden Gehorsam beschreibt Kafka in einer Skizze zu seinem Text *Vor dem Gesetz*. Der Türhüter in Kafkas Parabel begegnet uns als makelloser Repräsentant des Gesetzes, des Herrensignifikanten, der symbolischen Ordnung, weil er gerade als Wächter auf der Türschwelle in einer diffusen Position ausharrt, die nicht erklärt, was er dort eigentlich zu suchen hat. Bewacht er, versperrt er, kontrolliert er? Ist er gefährlich? Hält er den ›Mann vom Lande‹ ab vom Zugang zum Gesetz? Hier begegnet uns mustergültig die literarische Umsetzung von Žižeks immer wieder zitiertem »Che vuoi?«, das um so tönender und tumber klingt, weil der Türhüter – wie Kafka in einer Vorstudie seines Textes schreibt – weder verbietet noch befiehlt. Sein Schweigen wird unerträglich. Bei Kafka heißt es: »Ich überlief den ersten Wächter. Nachträglich erschrak ich, lief wieder zurück und sagte dem Wächter: ›Ich bin hier durchgelaufen, während du abgewendet warst.‹ Der Wächter sah vor sich hin und schwieg. ›Ich hätte es wohl nicht tun sollen,‹ sagte ich. Der Wächter schwieg noch immer. ›Bedeutet dein Schweigen die Erlaubnis zu passieren‹«[74]. Ähnlich beschreibt Kafka die Verhaftung von Josef K. im *Prozeß*. Dieser verwickelt sich in seinem Zaudern darüber, ob er die absurde Anklage, die die beiden Beamten gegen ihn eines Morgens vorbringen, ignorieren und seine Wohnung nicht einfach verlassen sollte. Žižek: »Die kafkaeske Illusion eines allmächtigen Dings, das uns keine Beachtung schenkt, [...] ist der umgekehrt-symmetrische Kontrapunkt zu der Illusion, die die ideologische Interpellation definiert – nämlich die Illusion, dass der Andere immer schon auf uns blickt« (SW, 118). Der Andere muss hier auch verstanden werden als das Feld des gesellschaftlich anerkannten Wissens, das auch dann noch ›wirkt‹, wenn alle Individuen in diesem Feld ahnen, dass der »große Andere« lügt, sich irrt, seine Autorität auf einem Missverständnis basiert. Auf diesem abwesenden Blick ruht zu einem wesentlichen Teil das Gefüge des vorauseilenden Gehorsams, den die Interpellation im Menschen verursacht und uns in den banalsten Alltagssituationen begegnet. »Wenn wir uns als Interpellierte *erkennen*, als die Adressaten eines ideologischen Aufrufs, *verkennen* wir die radikale Kontingenz davon, dass wir uns am Ort der Interpellation befinden; [...] Wir erkennen uns nicht selbst im ideologischen Aufruf, weil wir gewählt wurden, im Gegenteil: wir verstehen uns selbst als Auserwählte, als Adressaten eines Aufrufs, weil wir uns in ihm erkannten – *der kontingente Akt der Rekognition bringt retroaktiv seine eigene Notwendigkeit hervor.*« (SW, 118)

Der Mensch ist kontingenten Interpellationen ausgesetzt, die als Notwendigkeit interpretiert werden, da dem Subjekt eine fundamentale De-Legitimität seines Daseins eingeschrieben ist. Was das Subjekt in diesem Moment aber versäumt, ist, wie es den Anderen ›setzt‹ und dabei das Moment der Kontingenz, das Teil der Interpellation ist, nihiliert. Josef K. spürt intuitiv die Kontingenz seiner Verhaftung. Dennoch bleibt er unfähig, den Appell des Gesetzes als nicht-zwingend zu explizieren. So treibt er das *procedere* des Prozesses immer weiter voran. Kafkas Prosa inszeniert die Tragik, dass Josef K. sich dem vorauseilenden Gehorsam gegenüber einem nicht-definierbaren, aber gerade deshalb umso mächtiger wirkenden Appell nicht entziehen kann und damit sein Todesurteil einleitet.

Žižek behauptet nicht, dass das Subjekt sich vom »Appell« restlos befreien könnte. Aber das utopische Moment seiner Philosophie, auf das wir im letzten Kapitel näher eingehen werden, unterstreicht, dass er die Möglichkeit sieht, diesen vorauseilenden Gehorsam, mit dem Ideologie immer schon rechnet, zu unterbrechen. Kafkas ›Mann vom Lande‹ ebenso wie Josef K. sind zu einer solchen Unterbrechung nicht fähig. Žižek kritisiert daher auch die »erhabenen Objekte« der Ideologie, da sie nach seiner Meinung als Glauben-einflößende Objekte das Subjekt dazu verleiten, seine eigene, aktive Kapazität und das phantasmatische Moment in der Realitäts-Konstitution nicht zu erkennen. Nicht nur können die »erhabenen Objekte« der Ideologie die Aktivität des Subjekts lähmen (wie in Kafkas Erzählung *Vor dem Gesetz*), sondern sie provozieren auch den von Kafka beschriebenen minimalen vorauseilenden Gehorsam, der die Freiheit des Subjekts noch hartnäckiger einschränkt. Dieser Gehorsam führt nach Žižek dazu, dass das Subjekt sein eigenes Potential unterschätzt: die exzessive Geste, die fähig ist, nicht nur zu gehorchen, sondern die fähig ist zu der von Benjamin im chassidischen Märchen erwähnten »minimalen Verrückung« von Umständen, Tatsachen, Rahmenbedingungen, die ›Sein‹ sein lassen.

Fassen wir das bisher Gesagte noch einmal zusammen: Žižeks psychoanalytisch-philosophische Theorie der Subjektivität vertritt die These, dass Autonomie (die Autonomie des Subjekts) wesentlich aus Heteronomie hervorbricht als ein Exzess oder Mehrwert, der nicht zurückintegriert werden kann in die ontologischen Register, aus denen das Subjekt hervorgekommen ist. Wie Lacan in seinen späten Seminaren andeutet, ist Freiheit einer autonomen Subjektivität nur aufgrund einer inhärenten Inkonsistenz möglich. Dann, wenn Sein in sich selbst ruht, ist es reine Materie und als solche eine perfekt funktionierende Maschine, wie sie die Natur ist, ein schlichtes Glied in der Kette der Ordnung des Seins. Das Subjekt ist kein Ding innerhalb der phänomenalen Realität, die wir erfahren können. Es ist mehr zu verstehen als eine Falte in der Oberfläche der Realität, wie es Žižek in *Tarrying With the Negative* schreibt. Als solches (als Falte, als Bruch, als »gap«) ist es der ›Ort‹ in der Substanz, in dem die Substanz sich in ihrer eigenen Nicht-Koinzidenz erkennt.

Wie wir im Abschnitt zum Thema Ideologie deutlich gemacht haben, verbirgt sich hinter Žižeks philosophiepolitischen Analysen zum Herrensignifikanten und zum Thema der ›unmöglichen Gesellschaft‹ die mit den Paradigmen poststrukturalistischer Theorie verbundene Erkenntnis, dass es keine ›natürliche‹ Symbolisierung der Realität gibt. Andererseits muss berücksichtigt werden, dass Žižek sich von der Tradition dekonstruktivistischer Philosophie – so offensichtlich sie den Hintergrund seines Denkens bildet – abzusetzen versucht, wo er in Anlehnung an Kant und Hegel – und in expliziter Konfrontation zur poststrukturalistischen Schule – behauptet, dass die konstitutive Spaltung, die Identität unmöglich macht, letztlich dasjenige ist, was Identität *ist* bzw. was sie ›sein‹ lässt. Diese Überlegungen verdeutlichen, warum von Kant bis zu Heidegger das Selbstverständnis der Philosophie nicht selten in dem Versuch bestand, sich in regelmäßigen Abständen immer wieder von Neuem aus einer theologisch-metaphysischen ›Substanz‹ herauszulösen. Dass wir dieses Begehren z.B. ebenso bei Derrida erkennen können, zeigt, inwiefern immer dann, wenn eine Generation von Philosophen glaubt, sich endlich von der ›Substanz‹ befreit zu haben, die nächste Generation sie in derselben noch verwurzelt sieht. Philosophie begegnet uns als der nicht gelingende Versuch, sich aus der metaphysisch-theologischen ›Substanz‹ herauszulösen. Dass dieser Prozess sich oft wiederholt (ohne dabei derselbe zu sein) zeigt, wie die anvisierte Substanz eine Spukgestalt ist, die immer wieder aufersteht, sobald man sie vertrieben glaubt. Die Substanz kann anscheinend nicht überwunden werden, zumindest nicht auf der Ebene der Sprache.

Für Žižek ist nun Hegel derjenige, der diese Wahrheit in der Nachfolge Kants als erster radikalisiert und durch seine Philosophie zu letzter Konsequenz geführt hat. Der Begriff der »Identität« als ein Schlüsselbegriff im Kontext der Philosophie Hegels ist nach Žižek von allentscheidender Bedeutung. Identität ist nicht, wie einzelne Vertreter poststrukturalistischer Philosophie nahelegen, »unmöglich«, sondern Identität ist immer schon durch die »radikal kontingente Äußerlichkeit eines materiellen inerten nicht-rationalen Rests« (GR, 95) gespalten. »Was Hegel ›spekulative Identität‹ nennt, ist genau die Identität der Form [...] die sich [mit einem unvermittelten Stück Inhalt, D.F.] dem Zugriff des Gedankens entzieht« (GR, 91). Wenn bestimmte Vertreter strukturalistischer Philosophie sich – grob gesagt – als diejenigen verstanden, die ein auch mit Hegel assoziiertes Substanzdenken angeblich überwunden hatten, so verweist Žižek auf Hegel als denjenigen zurück, bei dem nicht nur *nichts* zu überwinden war, sondern der selbst – im Gegensatz zu einer Identitäts-Phobie der Poststrukturalisten – Identität immer schon in ihrem konstitutiven Gespaltensein erkannte. Die Differenz-Philosophie hätte, wie Žižek an mehreren Stellen in seinen Werken ausführt, nicht der Spukgestalt der abendländischen Metaphysik bzw. des Logozentrismus nachjagen sollen, sondern erkennen müssen, dass die Bewegung der *Dissemination*, des Signifikantenflusses die Substanz selbst ›ist‹ und als solche immer schon mehr in der abendländischen Philosophie (zumindest bei Hegel, aber wie Žižeks Kantlektüre nahelegt, auch schon von dem Philosophen aus Königsberg) begriffen wurde.

In einem ähnlichen Sinne erfasste Lacan die Bedeutung von Hegels *Phänomenologie des Geistes*. Er sah darin den Gedanken artikuliert, wie Wissen (die Art und Weise wie Bewusstsein sich versteht) permanent durch eine Wahrheit gestört wird, die es zwingt, sich immer wieder in eine neue Form zu gießen. Bewusstsein drängt nach immer neuen Formen seiner selbst, gerade weil es von einer Wahrheit herausgefordert wird, die es wie einen Pfropfen im Hals nie verschlucken kann. Lacan spricht im Verweis auf Hegels *Phänomenologie* in seinem Text *Subversion du sujet et dialectique du désir* von einer »solution idéale, celle, si l'on peut dire, d'un révisionnisme permanent, où la vérité est en résorption constante dans ce qu'elle a de perturbant, n'étant en elle-même que ce qui manque à la réalisation du savoir.«[75]

Dessen ungeachtet sei hier eingestanden, dass es schwierig ist, eine präzise Trennungslinie zwischen Žižek und den Poststrukturalisten / Dekonstruktivisten aufzuweisen. Immer wieder hat man den Eindruck, dass Žižek selbstverständlich auf den Grunderkenntnissen der Differenzphilosophie aufbaut und kein radikales Gegenkonzept – auch nicht in seiner Rückkehr zu Hegel oder Lacan – vorstellt.[76] Schließlich ist für Žižek Hegels Philosophie letztlich eine der Differenz *avant la lettre*. Treffender mag deshalb sein, von einer minimalen Differenz, einer minimalen Verschiebung in Bezug auf den schwer vorbelasteten Begriff der Substanz zu sprechen, die die beiden Lager (Žižek und die Poststrukturalisten) voneinander unterscheidet. Diese minimale Differenz erscheint mir, topographisch ausgedrückt, in einer unterschiedlichen Lokalisierung der Differenz-Bewegung zu liegen. Sehen die Philosophen der Differenz-Theorie diese als *Aufschub*, als permanente rhizomartige *dissémination*, als Prozess einer Auflösung jeglicher Substanz, so verweist für Žižek die Substanz selbst auf sich als das Zentrum dieser Bewegung, die dabei wesentlich durch den Widerstand gegen einen »inerten«, nicht assimilierbaren Rest angetrieben wird. Es geht weniger um eine ewige Überwindung (Heidegger ›überwindet‹ Husserl, Lacan ›überwindet‹ Heidegger, Derrida ›überwindet‹ Lacan, etc.) in noch radikalere

Niederungen der Differenzierung, sondern es geht um die Substanz, die Identität ›ist‹ *qua Differenz zu einem nicht-assimilierbaren Kern des Lacan'schen Realen.*

Bezogen auf das oben interpretierte Märchen *Des Kaisers neue Kleider* bedeutet dies, dass das »Phantasma« der neuen Kleider des Kaisers nicht ein Supplement im Derrida'schen Sinne ist, das die Identität des Kaisers verlagert, auslagert und seiner kaiserlichen Würde / Substanz den Boden unter den Füßen wegzieht, sondern dass dieses Phantasma genau dasjenige Element ist, das als Etwas aus seiner Figur Heraussstehendes, nicht in ihm Aufgehendes das ist, was ihn zum Kaiser *macht.* »Das ›Phantasma‹ bezeichnet [...] ein Element, das ›heraussteht‹, das nicht in eine gegebene symbolische Struktur integriert werden kann, das jedoch, gerade als solches, deren Identität konstituiert.« (GR, 98) Der Kaiser ist derjenige, der sich – in einem übertragenen Sinne – erlauben darf, ›nackt herumzulaufen‹ und seine Lächerlichkeit preiszugeben, weil er sehr wohl weiß, dass sobald man über ihn lacht, der Lachende den Ort im symbolischen Netzwerk verliert, von dem aus er lacht. Die Mitglieder der Gesellschaft müssen ihn in seiner Nacktheit akzeptieren, wollen sie selbst weiterhin *subjecta* unter dem Garanten seiner Autorität als Stepppunkt der bestehenden Ordnung bleiben. Seine Untertanen müssen weiter so tun, das Phantasma der Kollektivlüge seiner Würde mit libidinösen Energien und rationalen Argumentationsketten zu speisen, damit es bloß nicht zur Auflösung des ›Seienden‹, der bestehenden Ordnung, kommt.

UNTOTE PARTIALOBJEKTE

Nach Lacan sind alle Objekte, die das Subjekt in der Außenwelt vorfindet und ihm wie autonome Entitäten gegenüberstehen, definiert durch eine Referenz zu einer ursprünglichen / wesentlichen Abwesenheit (›Kastration‹). Diese muss das Subjekt ›erleiden‹ damit es *subjectum* wird. Nur durch sie formt sich das Subjekt. In diesem Zusammenhang spielt Lacans Theorie des »objet petit a« eine entscheidende Rolle. Sie designiert in der Variabel ›*a*‹ das Teilobjekt des menschlichen Begehrens, das als ein vom Körper getrenntes Objekt imaginiert wird[77] und wesentlich die Entfremdung des Menschen zu seiner Umwelt betrifft.

Wie Lacans Theorie des »objet petit a« genau zu verstehen ist und welche Bedeutung sie im Prozess der Unterscheidung zwischen Subjekt und Objekt für das Kleinkind in seiner Evolution subjektiver Erfahrungen einnimmt, wird im Folgenden, wenn auch nur abrisshaft vorgestellt. Dies wird den Einstieg in Žižeks Theorie der ›untoten‹ Partialobjekte ermöglichen.

In der Entwicklungszeit des Kleinkindes existiert vor Lacans berühmtem *Spiegelstadium*, in dem sich das Kleinkind zum ersten Mal als vollständiges Körper-Bild (*imago*) objektiviert,[78] eine besondere Beziehung des Kindes zur Mutterbrust. Im Verständnis von Lacan stellt sie ein Teil-Objekt dar, d.h. es repräsentiert die ganze Mutter. Die Brust, oder auch die Milchflasche, ist das erste »objet petit a« in der Psyche des Kleinkindes. Das Kind muss weinen, jammern und sich von der Brust der Mutter, wie von einem Teil seiner selbst, trennen. Aber genau so, wie die Brust trennbar vom Körper der Mutter ist, weil in der Brust die Mutter selbst beinhaltet ist, so ist auch die Brust der Mutter vom Körper des Kindes, das jammert, trennbar. Sie wird *Teil* des Körpers des Kindes in Gestalt von »objet petit a«. Weil ›*a*‹ abgetrennt und im selben Moment ›verloren‹ wurde, ist es im Körper des Kindes einbegriffen und wird zur Gegenwart eines Mangels. Einerseits ist »objet petit a« eine Präsenz, andererseits ist seine Präsenz geprägt durch eine Leere. Als Leere und Mangel kann »objet petit a« niemals als ein bestimmtes Objekt ›erreicht‹ und von diesem ausgefüllt werden, was erklärt, warum Lacan »objet petit a« als die Objektursache des Begehrens nennt und im selben Zusammenhang vom »Ursprung des Begehrens« spricht.[79]

Die Objekte im Umfeld des Kindes werden zu normalen, umgänglichen Dingen im Prozess des Ödipuskomplexes und den daran gebundenen Eintritt in die symbolische Ordnung. Dies heißt nicht, dass wir durch die Objekte auch immer wieder verführt und missgeleitet werden können. In diesem Sinne spricht Lacan vom Objekt als »leurre«, Köder, Täuschungs- und Lockmittel. Die irritierende Wirkung zahlreicher Gemälde von René Magritte beruht z.B. auf diesen Umständen. Oft stellen sie überdimensionale Alltagsgegenstände in einem bürgerlichen Interieur dar. Die Objekte begegnen uns bei Magritte wie in einem vor-symbolisierten Zustand: ungebändigt, übergroß, teilweise bedrohlich. Dabei bleibt die Bilds*zene* dem Bereich des Symbolischen zuordbar (Zentralperspektive, klare Proportionen, etc.), während die darin sich befindenden abgebildeten Objekte wie aus einem prä-symbolisierten Bereich des Imaginären zu stammen scheinen, der wie ein Traumbereich keinen Verstandesbegriffen unterliegt. Magritte inszeniert so eine *Kollision* zwischen Symbolischem und Imaginärem.

In seinem Seminar über *Die Psychosen* unterstreicht Lacan, wie lebensnotwendig es ist, den kleinen Dingen des Alltags *keine* Aufmerksamkeit zu schenken, damit sie nicht, wie in Magrittes Gemälden, übergroß werden und die symbolische Ordnung stören. »Beachten Sie bei den normalen Subjekten, und folglich bei Ihnen selbst, die Anzahl von Dingen, für die es wirklich Ihre Hauptbeschäftigung ist, sie nicht ernst zunehmen. Das ist vielleicht nichts anderes als der erste Unterschied zwischen Ihnen und dem Geisteskranken.«[80] Er verkörpert, was passieren würde, wenn wir »begännen, die Dinge ernst zu nehmen.« Wenn die Abwesenheit dessen, was im ›Herzen‹ des Objektes angeblich ruht (und vor dem wir geschützt werden müssen), hervorbricht, kann das Objekt nicht nur wie bei Magritte übergroß werden, sondern die Grenzen des *subjectums* selbst bedrohen.

Dennoch gibt es bestimmte Objekte, die eine ganz andere Wesensart aufweisen und die mit den Objekten, die wir in der Außenwelt finden, keine vergleichbare Beziehung haben. Zu ihnen zählen: Brust, Fäzes, Phallus, die Stimme und der Blick. Freud und Lacan nennen sie »Partialobjekte«. Der Begriff hat verschlungene Wurzeln in der Geschichte der Psychoanalyse. Er geht zurück auf Freuds Schriften zur Sexualtheorie[81] und ist in der psychoanalytischen Schule Melanie Kleins von zentraler Bedeutung. Lacans zählt zu den traditionellen Partialobjekten, wie Brust, Fäzes, Phallus (die Freud den auf körperliche Zonen zuordbaren Partialtrieben zurechnet), noch das Phonem, den Blick und die Stimme hinzu. Gemeinsam ist ihnen, wie Lacan behauptet, dass sie nicht repräsentierbar sind. Sie sind Teil des Lacan'schen Bereichs des Realen und stehen für die Unmöglichkeit, vom Subjekt assimiliert und in ein narzisstisches Selbstverständnis der Vollständigkeit integriert zu werden.

Bereits Freud wies in seinem Text *Die Verneinung* darauf hin, dass der Mensch die Objektwelt nicht *vor*findet, sondern sie immer schon »*wieder*findet«.[82] Das Kind ist nicht fähig, ein Objekt auszusondern, es zu isolieren, wenn es diesem nicht zuvor unthematisch begegnet war. Der Zweck der Realitätsprüfung besteht nicht darin, »ein dem Vorgestellten entsprechendes Objekt in der realen Wahrnehmung zu finden, sondern es *wiederzufinden*, sich zu überzeugen, dass es noch vorhanden ist.«[83] In den *Drei Abhandlungen zur Sexualtheorie* betont Freud, dass das Finden eines Objektes an sein Wiederfinden gebunden ist. Er bezieht sich auf den Umstand, dass die Objektwahl nach der Latenzperiode die Objektwahl des Kleinkindes zur Mutterbrust ›zitiert‹. Auch hier *ist* das Objekt erst als Wiedergefundenes. Es ist Substitut für ein nie vorhandenes Erstes. Wenn es als solches sich konstituiert, kann simultan der harmonische Urzustand des Menschen und die Ur-Erfahrung der Befriedigung niemals wiedererlangt werden. Mit der Objektfindung fällt so der Einschluss der Negation des vorsymbolischen immer schon verlorenen Objekts zusammen und konstituiert den Menschen als Mangel-Wesen. Die Freud'schen Partialobjekte sind dann nicht nur vom Menschen ausgestoßen, abgetrennt, sondern als Ausgestoßene und Abgetrennte dem Subjekt *innerlich*. Die Partialobjekte sind immer schon *ex-tim*: als verlustige Fremdkörper sind sie das, was wir sind und gleichzeitig was wir nicht sind. Sie sind *ex-tim*, weil sie eine Spur des Verlustes hinterlassen, einen Mangel, der ihnen eine phantasmatische Konsistenz zuspricht. Žižek spricht aus diesem Grund auch von »untoten Partialobjekten«. Sie sind extime Objekte in uns, die den Menschen wie fremd beleben können. Dabei ist der »ursprüngliche Andere unserer raum-zeitlichen körperlichen Realität,« wie Žižek schreibt, »nicht Geist, sondern eine andere ›erhabene‹ Materialität.« (PP, 61) Untote Partialobjekte stehen für diese ›erhabene Materialität‹, »die blinde Insistenz [...] jenseits des Kreislaufs von Werden und Verfall« (PP, 61). Als solche können sie nur wirken, wenn das Kind in die symbolische Ordnung eingetreten ist.

Der Körper des Kleinkindes ist der erste ›Text‹ des Menschen. Die Körperteile (zu denen, wie erwähnt, auch die Mutterbrust im frühen Kindheitsstadium gehört) sind die Bausteine einer Ur-Semantik. Sie markieren eine erste Differenz zwischen Körper und Nicht-Körper. Der Prozess, in dem das Kleinkind durch seinen eigenen ›Textkörper‹ gedrängt sich im Prozess einer Herauslösung aus der ›uterischen‹ Alleinheit konstituiert, hängt dabei, wie gesagt, unmittelbar mit der Geburtsstunde der Partialobjekte zusammen. In dem Moment, in dem das Subjekt sich konstituiert, drängen bestimmte Kräfte, die unter dem »Ich« verborgen liegen, nach Ausdruck, Repräsentation, Gehör und eignen sich (weil sie keine anderen Medien haben) die untoten Partialobjekte vorübergehend an.

Žižek bringt seine Interpretation solcher *extimen Objekte in uns* in eine direkte Beziehung zu Lacans Mythos der *Lamelle*, der den ›untoten‹ Charakter der Partialobjekte veranschaulicht. Mit dem Begriff der *Lamelle* beschreibt Lacan in seinem *Seminar XI* die Libido als ein parasitäres, Amöben-ähnliches Fremdwesen, das immer wieder den Menschen »als Instinkt des unsterblichen, nicht unterdrückbaren Lebens«[84] von innen her aufstört.[85] Die Lamelle ist eine nicht-teilbare, unzerstörbare und nicht eliminierbare Entität, die sich verschiedene Stellvertreter aneignet. Sie ist unsterblich, jedoch nicht als ein nichtsterblicher Seelenanteil des Menschen, der sich nach dem Tod von der körperlichen Hülle trennt. Ihre Unsterblichkeit steht, wie Žižek schreibt, vielmehr für eine »obscene immortality of the ›living dead‹ which, after every annihilation, reconstitute themselves and shamble on.« (HRL, 62) Die Lamelle ist pure Oberfläche, die unendlich ihre Form wechseln kann: »Imagine a ›something‹ that is first heard as a shrill sound, and then pops up as a monstrously distorted body.« (HRL, 62)

Žižek erkennt das untote Partialobjekt in zahlreichen Erzeugnissen der Populärkultur motivisch verarbeitet. Er erwähnt z.B. die »Ballettschuhe« aus dem Filmklassiker *The Red Shoes*. Wie die *ex-time* Verkörperung eines unbändigen, quälenden Wunsches, lassen sie die Füße des Mädchens namens Vicky nicht mehr frei und unterwerfen es einem nicht enden wollendem Tanzenmüssen, das ihr Leben zerstört und sie schließlich in den Selbstmord treibt. Ebenso sieht Žižek das untote Partialobjekt in der Hand des Clowns, der sich in der Manege zur Freude des Publikums wie von einem fremden Körperteil ohrfeigen oder an die eigene Gurgel greifen lässt. Gleichermaßen diagnostiziert er es in Pornographiefilmen, wo es in Großaufnahme der Geschlechtsteile für eine ›Parzellierung des Körpers‹ steht bzw. für die »Verwandlung des Körpers in eine desubjektivierte Mannigfaltigkeit« (KO, 236). Das Partialobjekt hat ebenfalls etwas mit Gewalt in Zeichentrickfilmen zu tun. Man denke an Episoden, in denen *Tom und Jerry* oder *Itchy & Scratchy* in der *Simpsons*-Serie sich unendlich malträtieren, zerhacken, zerstückeln und auseinandernehmen. Was in diesen, Kinder begeisternden Parzellierungen des Körpers in Teile/Partialobjekte verborgen liegt und mit dazu beiträgt, dass auch der Erwachsene noch von Unfallszenen auf der Autobahn nicht seine Augen abwenden kann, mag mit der geheimen Dimension von Partialobjekten zusammenhängen: dass der Eintritt in die symbolische Ordnung an einen Einschluss ihres Ausgeschlossenseins gebunden ist. Faszination an Gewalt scheint auf eine Sehnsucht des Subjekts hinzuweisen, zwischen Körperfetzen etwas aufzufinden, das das Subjekt selbst durch die Freud'sche Negation bzw. durch den von Lacan genannten Eintritt in die symbolische Ordnung (mit Hilfe des Körpers als ›Text‹) ausschließen musste: Schemen eines verborgenen Selbsts, das die Semantik des Körpers im Moment der Subjektbildung nie hatte vollständig repräsentieren können, da Identität immer nur in Teilen hervortreten kann, während andere Teile zurückgedrängt werden müssen. Und es scheint, dass diese Momente in den untoten Partialobjekten sozusagen weiterleben und ihren Anteil artikulieren wollen.

Ein von Žižek nicht erwähntes aber doch seine Rede vom Partialobjekt verständlich machendes Beispiel findet sich nach meiner Meinung in Heinrich von Kleists berühmtem Text *Über die allmähliche Verfertigung des Gedankens beim Reden* (1805). Bekanntlich beschreibt Kleist dort, wie der Anführer des Dritten Standes, der Marquis de Mirabeau, von einem Redeschwall hinweggetragen, die Französische Revolution sprachlich anstiftet. Zentral in diesem Text ist besonders Kleists Hinweis, dass der eigentliche Auslöser für Mirabeaus ›Redewelle‹ selbst kein Wort, sondern ein unkontrolliertes Zucken seiner Unterlippe ist. Ihr Zittern provoziert Mirabeaus Revolutionsdiskurs. Die Unterlippe als »monstrously distorted« Partialobjekt überschreitet die Grenze zur *res cogitans*. Sie wird zu einem untoten Partialobjekt in Žižeks Sinne, da sie nicht von einem Subjekt / Ego kontrolliert werden kann. Für einen Moment wird Mirabeau von diesem Partialobjekt, aus einem blinden Winkel des Ego kommend, befallen und fortgerissen. Das untote Partialobjekt kann alles Mögliche sein: die tippenden Hände eines Schriftstellers oder die Faust, mit welcher der unter Schizophrenie leidende Held in David Finchers Film *Fight Club* sich selbst regelmäßig bewusstlos schlägt. Das Beispiel bei Kleist legt offen, inwiefern das untote Partialobjekt im Register des Lacan'schen Realen verortet ist und als solches sich nicht formalisiert. Es ist, wie Lacans Begriff der *Lamelle*, in fortwährender Transformation seiner ›Gewalt‹. Nur an seinen Effekten ist es erkennbar. Was die Beispiele umschreiben, ist eine Fremdheit, die – mit Heidegger gesprochen – das Dasein des Menschen immer schon vor dem Hervortreten des Egos bewohnt und uns manchmal wie das Augenpaar eines unerkennbaren Wesens anstarrt, das in der stockdunklen Zimmerecke unseres bürgerlichen Interieurs zu sitzen scheint und darauf wartet, uns in einem Moment der Unachtsamkeit zu verschlingen.

BLICK UND STIMME

Lacan erarbeitet seinen Begriff des »Blickes« (regard) in der Auseinandersetzung mit Merleau-Pontys Hauptwerk *Das Sichtbare und das Unsichtbare* und entwickelt ihn in (bedingter) Opposition zu Sartres Anmerkungen zum »Auge« in *Das Sein und das Nichts*. Lacan behauptet, teils in Abgrenzung teils in Übereinstimmung mit seinen philosophischen Dialogpartnern, dass selbst dort, wo wir schauen, wir in diesem Schauen vom »regard« immer schon gesehen werden. Der »regard« bzw. »Blick« steht für eine Alterität im Feld des Sehens. Der »Blick« ist mehr als das identifizierbare Schauen eines Auges bzw. eines Augenpaares, das auf mich gerichtet ist. Er ist eine Art von Andersheit an sich. Wir erahnen diese Andersheit z.B., wenn wir nachts durch einen Park gehen und von einem Rascheln im Gebüsch aufgeschreckt werden.[86] Diese dritte Koordinate, die – wie Lacan sagt – die Nicht-Objektivierung unseres Sehfeldes affiziert und die uns auf eine unheimliche, nicht-dechiffrierbare Rückseite unseres Sehfeldes verweist, lässt uns daran zweifeln, ob das, was wir sehen, alles ist (*Seminar XI*). Der »Blick« steht somit für eine Form des Affiziertwerdens, in dem das Subjekt sich plötzlich auf sich zurückgespiegelt sieht, wie es in einem analogen Sinne in den oben erwähnten Beispielen der Remarkierung deutlich geworden ist. Es ist ein Zustand des Herausgerufen-werdens *aus unseren Grenzen* und des Verlustig-werdens der *Sicherheit unserer selbst.* In seinem *Seminar I* schreibt Lacan: »Ich kann mich von jemandem angeblickt fühlen, von dem ich nicht einmal die Augen und nicht einmal die Erscheinung sehe. Es genügt, dass etwas mir anzeigt, dass der andere da sein kann. Dieses Fenster, wenn es ein wenig dunkel ist und wenn ich Gründe habe anzunehmen, dass jemand dahinter ist, ist immer schon ein Blick.«[87]

Dieses Stehen im undefinierbaren Bereich eines Blikkes kann selbst beim Lesen erfahren werden oder beim Gang durch ein Museum. Wenn ich plötzlich von einem Gemälde in ›Bann‹ gezogen werde, so deshalb, weil ich in einem Blick stehe, der mich affiziert ohne ein ›Auge‹ zu sein. Dies ist der Moment, wenn – wie Žižek schreibt – »[a] phallic spot« »undermines our position as ›neutral‹, ›objective‹ observer [...] This is the point at which the observer is already included, inscribed in the observed scene – in a way, it is the point from which the picture itself looks back at us.« (LA, 91)

Lacan geht noch einen Schritt weiter, wenn er den »Blick« an das Begehren seines Mathems A, den »großen Anderen«, bindet. Die Fremdheit, die uns sieht bzw. die wir im »phallic spot«, den z.B. das Gemälde aussendet, erkennen, hat etwas mit einer Fremdheit *in uns* zu tun, in der der »große Andere« immer schon ›mitmischt‹. »Beim Sehen«, schreibt Lacan, »befinden wir uns nicht länger auf der Ebene des Anspruchs, sondern auf der Ebene des Begehrens, das sich an den Anderen richtet« und das »der Erfahrung des Unbewussten am nächsten ist.«[88] Der »phallic spot« markiert die Rückseite unseres Sehfeldes, die wir nie in den Blick bekommen. Der Museumsbesucher erfährt den »regard« eines Gemäldes in Relation zu einem Begehren, einem »désir«, das durch miteinander in Konkurrenz stehende Konstituenten in seinem Unbewussten geformt wird und immer schon mit der Domäne des »großen Anderen«, der im Gemälde einen ›unheimlichen‹ Repräsentanten gefunden hat, verwoben ist. Für Lacan ist der Bereich des Unbewussten, wie wir oben bereits mehrmals unterstrichen haben, immer schon Teil dieses »großen Anderen« und d.h. *ex-tim*, außerhalb, im Bereich der *res extensa*. Wenn nun das Gemälde einen »phallic spot« aufweist, an und *in* dem wir uns erkannt sehen, so weil uns etwas ›anblickt‹, das weder absolut beliebig ist, noch von uns phantasiert wird. Erst wenn der »regard« anbindbar ist an den Bereich des »großen Anderen«, der von unserem Wissenstrieb, von unserem Augentrieb nie zu dominieren ist (er gleicht, wie Lacan sagt, *objet petit a*[89]), kann er überhaupt erst uns »herausrufen«: entweder durch Schrecken wie ein Rascheln im Park bei Nacht oder durch ästhetische Erschütterung wie vor einem Gemälde im Museum. Erst die durch diese unbestimmte, außen erfahrbar werdende Nachwirkung zeitigt dieser »regard« den Effekt unserer Subjektivität.

Freuds Theorie der Übertragung entwickelte sich aus seinem Bemühen, die zu ihm als Analytiker erotisch untermalte Zuneigung seiner Patientinnen zu verstehen – und dementsprechend – die ihm geltende Aggression seiner männlichen Patienten zu erfassen. Für Freud war diese Form der Übertragung unter anderem ein unvermeidliches Ergebnis der Sexualität des Menschen. Freud erkannte in den Übertragungen von Gefühlen der Zuneigung die emotionale Wiederkehr von Erfahrungen aus der Kindheit und hielt sie für eine Notwendigkeit im therapeuthischen Prozess. Nach Freuds Verständnis der Analyse wird dasjenige, was verdrängt ist, im Akt der

Übertragung wiederholt und teils überwunden. In diesem Sinne gibt es in der Übertragung einen, wie Lacan es nennt, »überaus bedeutungsvollen Moment [...], bei dem die Macht vom Subjekt auf den Andern, den großen Anderen, wie wir ihn nennen, überwechselt«.[90] »Taucht da der Übertragungsbegriff [Freuds] auf?«, fragt Lacan. Seine Antwort: »Es hat den Anschein«[91], macht deutlich, dass er es dabei selbst nicht, wie andere Interpreten, bewenden lässt. Lacan behauptet, dass Übertragung eher als der Moment einer *Unterbrechung* der Kommunikation *im Unbewussten* des Analysanden zu verstehen sei. Die Übertragung hat weniger damit zu tun, dass der Analytiker dem Analysanden dessen unbewusste Begehren in der Übertragung offenlegt. Übertragung beschreibt für Lacan vielmehr einen Bruch, den nur die Gegenwart des Anderen, *le sujet supposé savoir*, wie Lacan ihn nennt, im Außenbereich (zum Beispiel durch Schweigen) provozieren kann. Der Analytiker gleicht dem Stolperstein, an dem sich die Kräfte des Unbewussten wiederholt stoßen, öffnen und verschließen.[92] Übertragung wird bei Lacan wesentlich abgelöst von einem Dialog zwischen Analysanden und Analytiker. Er wird neu zu einem *inneren Dialog* des Analysanden mit seinen Phantasmen akzentuiert, die sich in der Interpretation von dem entwickeln, von dem er glaubt, dass der Andere, der Analytiker, angeblich von ihm ›weiß‹. Daher kann Lacan sagen, dass die Übertragung den Prozess eines Sich-Verschließens und Öffnens des Unbewussten betrifft, z.B. wenn das *sujet supposé savoir* als Irritation durch Schweigen den Analysanden auf sich zurückspiegelt. Übertragung ist wesentlich gebunden an ein Aneinander-vorbei-Verstehen und eine Re-Definition des Zweier-Verhältnisses. »Weit davon entfernt, die Gewalten dem Unbewussten abzutreten, ist die Übertragung vielmehr dessen Verschließung.«[93] »Der Diskurs des Andern [...], den es zu realisieren gilt, der

Diskurs des Unbewussten, ist nicht jenseits des Abschließens, er ist *draußen* [... und verlangt] nach einer Wiederöffnung der Läden.«[94] »Wenn das Unbewusste [...] Wiederholung [ist, so] in bezug auf ein immer Verfehltes.«[95] »Das Unbewusste [erscheint...] in meiner Darstellung als etwas [...], das gleichzeitig innen ist im Subjekt, das sich aber allein außen verwirklicht, das heißt im Ort des Andern, wo allein es seinen Status annimmt.«[96]

Diese »Unterbrechung« der Kommunikation im Übertragungs-Konzept Lacans betrifft den »regard«. Ja man könnte sogar sagen, dass der »phallic spot«, von dem Žižek spricht, genau der Ort ist, der »angeblich weiß«: der »phallic spot« scheint zu wissen. Er scheint etwas in uns erkannt zu haben, das sich nur von ihm aus, sprich: nur von seiner Außenposition offenbart und nicht *in uns* aufgespürt werden kann. Wir sind durch diesen »phallic spot« wie auf uns zurückgeworfen in dem Moment, in dem sich etwas Bedeutungsvolles offenbart. In diesem Sinne kann der »regard« als »Diskurs des Anderen« im Sinne einer Außenseite des Unbewussten fungieren und zur momentären Öffnung verdrängter Momente führen.[97] Dies erklärt unser plötzliches Gebannt-sein vor einem Gemälde im Museum. Aus ihm scheint ein unbekannter ›Exzess‹ uns anzuschauen, entgegenzukommen und aus ungreifbaren Gründen uns zu erschüttern. Was der »regard« schafft, ist unsere Subjektivität von einem Außenpunkt *erfahrbar werden zu lassen*. Das Auftauchen des »regard« gleicht dem Auftauchen eines anamorphotischen »spots«, der unsere Position in ihrem sicheren Gefüge destabilisiert und das Gefühl einer unheimlichen Sensation, eines Deplaziertseins vermittelt, in dem wir uns als Subjekt jedoch *um so mehr erfahren*. Diese Erfahrung macht jeder, wenn er nach einem ästhetischen Erlebnis wie z.B. nach der Lektüre eines Romans oder der Aufführung eines Theaterstückes, sich für einen kurzen

Moment wie auf einem anderen Planeten lebend erfährt. (Nicht selten ist dies genau der Moment, in dem man plötzlich träumt, selbst Schriftsteller zu werden, Maler, Architekt oder Bildhauer.) Diese Umkehrung im Moment des Zurückgeworfen-Werdens betrifft in einem indirekten Sinne die oben schon erwähnte Szene aus Hitchcocks Film *Rear Window*, wenn James Steward durch sein Fenster wie auf ein gerahmtes Bild schaut und plötzlich vom Blick aus dem Fenster gegenüber in einem Moment der Unachtsamkeit ›ertappt‹ wird. Das Bild schaut zurück. Aber es betrifft auch Hitchcocks cineastische Evozierung von Unheimlichkeit am Beispiel eines undefinierten Blikkes, den Häuserfenster ausstrahlen. Žižek gibt das Beispiel aus Hitchcocks Film *Psycho*. Das Haus von Norman Bates angeblich lebender Mutter zeigt keine Zeichen, bewohnt zu sein, und doch scheint es einen Blick auf die Figur der Lilah zu werfen, als sie in einer der ersten Szenen des Films zum Haus hinaufschaut. »Lilah sees the house, but nonetheless she cannot see it at the point from which it gazes back at her.« (LA, 118) Der Blick des Hauses ist nicht definierbar. Würde sich plötzlich eine Person an einem Fenster zeigen, verlöre der Blick seine Domäne. Er verlöre seine Kraft zugunsten des »Auges« wie es Sartre in *Das Sein und das Nichts* interpretiert. Ähnlich würde sich – im Vokabular Lacans ausgedrückt – der nicht einzugrenzende Bereich des »großen Anderen« in einen Standort das »konkreten Anderen«, der konkreten Person am Fenster, verkehren. Die Unheimlichkeit der Szene wäre abgemildert aufgrund der Lokalisierung einer ganz bestimmten Gefahr.

In demselben Film findet Žižek auch ein Beispiel von Lacans Partialobjekt der Stimme. Sie begegnet uns am Beispiel der schizophrenen Anweisungen, mit denen Norman seine Mutter mit der Stimme eines mütterlichen

Über-Ichs kopiert und damit auf sich gnadenlos einredet. Diese Stimme ist sicher kein Ort dessen, was Lacan als das Phantom einer Selbstpräsenz im »s'entendre parler« bezeichnet und das Derrida als Musterbeispiel eines Phonozentrismus interpretierte. Sie ist ein Objekt, das zwischen Subjekt und dem großem Anderen *oszilliert* und daher gerade ebensowenig zuordbar ist wie der »regard« als »a spot in the picture disturbing its transparent visibility and introducing an irreducible split in my relation to the picture« (LA, 125). Michel Chion interpretiert in *La voix au cinéma*[98] die Stimme ohne Sprecher als eine Stimme, die ihren Sprecher sucht. Die Stimme der Mutter in *Psycho* ist gerade eine Stimme auf der Suche nach einem Körper, wobei sie ihn nicht in der Mutter findet, sondern in Norman. Auch hier wiederum geht es um ein Partialobjekt, das weder eindeutig objektivierbar noch eindeutig subjektivierbar ist.

DAS VERBOTENE »DING AN SICH« (ZIZEKS KANTIANISMUS)

Aus den vorangehenden Kapiteln ist deutlich geworden, in welch breitem Bezugsfeld abendländischer Philosophie – von Descartes über Marx bis hin zu Benjamin – Žižek seine philosophischen Modelle entfaltet. Die Dominanz der Beziehungen zu Lacan und Hegel lässt Kant in den Hintergrund treten. Daraus abzuleiten, Žižek beziehe sich auf Kant nur aus der Perspektive seiner Hegelrezeption und folglich immer nur als Denker, dessen philosophische Konsequenzen Hegel zu ihrer Erfüllung gebracht hatte, ist falsch. Žižek legt an zahlreichen Stellen in seinen Werken offen, wie sehr Kants Transzendentalphilosophie seine eigene Ontologie wesentlich mit beeinflusst hat. Er nennt ihn den eigentlichen Philosophen der Moderne.

In *The Sublime Object* kommt Žižek wiederholt auf Kants Transzendentalphilosophie zu sprechen, die – so sein humoristisches Urteil – die Struktur einer zwanghaften, sich am »Ding an sich« abarbeitenden Neurose aufweise. »[W]hat is at stake in Kant's ›obsessional‹ economy is precisely the avoidance of the traumatic encounter [...] with the Truth.« (SO, 190) An anderer Stelle schreibt Žižek: »Kant [...] als guter Zwangsneurotiker [...] errichtet das Netz der Bedingungen möglicher Erfahrungen, um sicherzustellen, dass die wirkliche Erfahrung des Realen, die Begegnung mit dem Ding, niemals stattfinden wird, so dass alles, auf das das Subjekt stoßen wird, die schon domestizierte, zahme Realität von Vorstellungen sein wird.« (NR, 111)

Was aber scheint so schrecklich zu sein, was Kant, nach Žižeks Urteil, davon abhält, der Wahrheit, der ›truth‹ zu begegnen? Was genau ist diese »terrifying truth«, die Kant so zugesetzt haben soll, dass sein Projekt der Transzendentalphilosophie davon geprägt war, die Grenze zwischen der »Welt der Erscheinungen« und dem »Ding an sich« als eine nicht durchlässige Trennlinie zu konzipieren. Žižeks Antwort: »it conceals a foreboding that perhaps the Thing is itself nothing but a lack, an empty place; that beyond the phenomenal appearance there is only a certain negative self-relationship because of which the positively given phenomenal world is perceived as ›mere appearance‹« (SO, 193). Der Begriff der »Erscheinungen« und die Vorstellung, dass der Mensch ›nur‹ in einer Welt der Erscheinungen lebe, nur auf diese ›Erscheinungen‹ Zugriff habe, provoziert den Gedanken, dass es etwas *hinter* den Erscheinungen geben müsse, losgelöst vom falliblen Wahrnehmungsapparat des Menschen. Žižek unterstreicht nun, dass der Begriff des »Ding an sich« bei Kant ansatzweise, vollständig aber dann von Hegel ersetzt wird von der Vorstellung, es gäbe einen

Bereich des Noumenalen jenseits der Erscheinungen. Das »Übersinnliche«, das »Ding an sich«, trete stattdessen nur durch »appearance qua appearance« (SO, 193) in seiner von Kant beschriebenen Unzugänglichkeit hervor. Es ist sekundärer Effekt der Erscheinungen *selbst* und wird durch den Bereich des Phänomenalen erst evoziert. Die nicht zu unterschätzende Bedeutung von Kants Philosophie liege darin, durch seine Transzendentalphilosophie den Weg zu dieser Erkenntnis einerseits frei gemacht zu haben, andererseits die traditionelle Ontologie genau durch diese »Kluft« zwischen dem Bereich der Erscheinungen und dem »Ding an sich« *bereichert* zu haben. Žižek sieht in Kant denjenigen Philosophen, der diese »Kluft« absichtlich nicht füllen wollte. Entscheidend ist hier, dass diese Kluft innerhalb des endlichen Horizonts der Zeitlichkeit erscheint und dabei eben *keinen Makel* mehr beschreibt und auch nicht als ein Ausweis faktischer Begrenzung eines eigentlich ideal-ewigen Subjekts verstanden wird. Vielmehr wird diese Trennlinie, die Kants Transzendentalphilosophie artikuliert, zu einer positiven Bedingung, zu einem ontologischen Moment, das das »Sein« immer schon durchbricht. Žižeks Interpretation modernisiert Kant daher auf eine Weise, die ihn an die Seite Hegels stellt. »Aus Kants Sicht würde uns der direkte Zugang zum noumenalen Bereich [....] jener ›Spontaneität‹ berauben«, die unter anderem »den Kern der transzendentalen Freiheit ausmacht. Er würde uns in leblose Automaten verwandeln« (KO, 68).

Indem Kant die Trennlinie zwischen Welt der Erscheinung und »Ding an sich« aufzeigt und damit Hegels Erkenntnis einleitet, letzteres sei Effekt des ersteren und kein durch eine undurchlässige Grenze abgesperrter Bereich des Noumenalen, fügt er eine Kluft in die Welt ein, eine Trennung vom Absoluten, die zur positiven

Bedingung der Freiheit des Menschen und zur *conditio humana* selbst wird (KO, 69).

In Hegels Erkenntnis, dass das »Ding an sich« als Erscheinung qua Erscheinung ersteht, sieht Žižek wiederum die Überwindung der Kant'schen Spaltung der Welt. Žižek macht aber im selben Zusammenhang deutlich, dass diese »Überwindung« nicht so verstanden werden solle, als hätte Hegel die »Kant'sche Kluft« wieder geschlossen und sich im Stile einer vorkritischen Metaphysik Zugang zum absoluten Wissen verschafft. Hegels »Überwindung« von Kant beruhe vielmehr auf der Behauptung, dass die »Kant'sche Kluft bereits die Lösung« (KO, 71) selbst sei und auf den Gedanken verweise, dass »[d]as Sein selbst [...] unvollständig [ist].« (KO, 73) Hier sieht Žižek Hegels eigentliche Leistung und den Sinn seines Satzes, die »Substanz [ist] wesentlich Subjekt«, wie er in der Vorrede zur *Phänomenologie des Geistes* steht. Das Absolute ist nicht als Substanz, sondern als Subjekt zu begreifen, letzteres aber nur dann, wenn »›Subjekt‹ [...als] der Name für einen Riss im Gefüge des Seins« (KO, 73) verstanden wird. Aus diesem Grund kann Žižek behaupten, dass nicht erst mit Hegel, sondern eben bereits mit Kant die wahre Philosophie begonnen habe: mit Kant indirekt und unthematisch, mit Hegel direkt und thematisch. Vor Kants Transzendentalphilosophie »hatten wir es mit einer einfachen globalen Ontologie zu tun, der Kenntnis von allem, aber noch nicht mit dem Begriff des tranzendental-hermeneutischen Horizonts der Welt«. (KO, 72) Žižek betont, dass man Kants Bedeutung daher nicht hoch genug bewerten könne, da die Kant'sche Revolution nicht in einer vollständigen Beschreibung der Realität bestehe, sondern in der »Arbeit, den Horizont des Vorverständnisses zu entfalten, der bei jeder Auseinandersetzung mit Entitäten und der Welt vorausgesetzt wird.« (KO, 72) Die phänomenale Realität verweist nicht nur auf die Art und Weise, wie mir bestimmte Dinge »erscheinen«, sondern sie »bezeichnet die Weise, wie mir die Dinge ›wirklich‹ erscheinen – wie sie eine phänomenale Realität im Gegensatz zu einer rein subjektiven/illusorischen Erscheinung konstituieren.« (KO, 71)

Wenn der Mensch einen Gegenstand falsch wahrnimmt, dann nicht, weil er die Erkenntnis verfehlt, wie die Dinge ›wirklich an sich‹ sind, sondern weil er sich darin irrt, wie sie ihm wirklich erscheinen. Aber es ist nicht nur Einführung und Würdigung der Kluft von Erscheinung und »Ding an sich« als konstitutives Moment des Seins-Begriffs, die Žižek an Kant hervorhebt. Auch das Motiv der Spaltung in der Struktur des Subjekts selbst rechnet Žižek Kant als eine die moderne Philosophie einleitende Erkenntnis an.

Žižek schreibt Kant die Erkenntnis zu, als erster die beiden Dimensionen des Phänomenalen und des Noumenalen der Subjektivität entdeckt zu haben, sprich die Differenz zwischen dem Subjekt, wie es sich selbst im Kontext seiner Erfahrungen in raumzeitlichen Zusammenhängen erscheint, und dem Subjekt, wie es als Subjekt »an sich« Erfahrung erst möglich macht. Das Subjekt »an sich« kann nach Kant nicht als ein experimentelles, repräsentatives Element mit dem Rahmen, den es für den Bereich der Erfahrungen eröffnet, selbst zusammenfallen. Aus diesem Grund spricht Kant von »diese[m] Ich oder Er oder Es (das Ding), das denkt.«[99] (KrV, A 346) Das ›noumenale Subjekt‹ (*homo noumenon*), von dem Kant unter anderem in seiner *Grundlegung zur Metaphysik der Sitten* spricht, ist unbestimmbar wie das »Ding an sich«; was nicht heißt, dass es eine vom *homo phaenomenon* abgelöste Entität ist. Kants ganze Anstrengung der ersten Kritik besteht darin, den epistemologischen Rahmen zu etablieren, der jede philosophische Referenz auf den Bereich des Noumenalen zunichte macht. Zwar vermutet er, dass der Bereich des Noumenalen frei von Widersprüchen sein müsse. Gleichzeitig räumt er jedoch ein, dass eine solche These nur regulatives Ideal sein kann, das der Vernunft die Möglichkeit gibt, ein kohärentes und in sich geschlossenes epistemologisches System zu etablieren. Der Bereich jenseits der Erfahrungen, das »Ding an sich« ebenso wie die Ergründung des Kosmos als Ganzem, bleibt als legitimes Objekt philosophischer Erkenntnis dem Menschen verschlossen. Alenka Zupančič schreibt hierzu treffend: »Das Kantsche *Ding an sich* ist im strengsten Sinne die Kategorie des Mangels als solcher. Kant setzt dadurch keineswegs eine Fülle des Dinges jenseits der apriorischen Anschauungsformen von Raum und Zeit, sondern, wie er selbst behauptet, einen leeren Platz.«[100] Zupančič weist darauf hin, dass es bei Lacan um eine analoge Logik geht, wobei sie Kants analysierte grundsätzliche Unzugänglichkeit des »Ding an sich« als Struktur eines fundamentalen Verlustes deutet, die mit Lacans Mathem eines in das Weltgebäude des »gebarrten« Subjekts immer schon unzugänglichen »objet petit a« in Analogie steht. »Lacan geht [gegen Melanie Klein] davon aus, dass der Verlust dem Verlorenen vorangeht und dass es beim Verlust von *dem Ding* nicht um den Verlust eines Ursprungs geht, sondern darum, dass der Verlust selbst der Ursprung ist.«[101] Folglich gab es immer schon einen Mangel am Anfang. Und »Mythen über ein solches oder anderes Objekt (zum Beispiel der Mutterleib [in der Theorie von Melanie Klein, D.F.]), welches das Objekt des ursprünglichen Verlustes sein sollte, sind nur nachträgliche Konstruktionen, die versuchen, auf diesen Mangel so zu antworten, dass sie ihn in das Phantasma einspannen.«[102] In diesem Sinne ist auch Bernard Baas' Theorie zuzustimmen, der in seinem Buch *Das reine*

Begehren, Lacan eine Transzendentalphilosophie des Begehrens zuspricht.

Auf ähnliche Weise wie Baas sieht auch Žižek eine nicht ignorierbare Konvergenz zwischen Lacan und Kant, wenn er in dem Kapitel »Viel Lärm um ein Ding« (in: *Denn sie wissen nicht, was sie tun*) eine in Bezug auf Kants Theorie der praktischen Vernunft vergleichende Lektüre zwischen dem Begriff des Dings bei Lacan und dem Begriff des »höchsten Gutes« bei Kant unternimmt. Dabei sieht er bei ihnen zwei teils unabhängige, teils aber auch aufeinander sich beziehende Denkfiguren, die um ein analoges Problem kreisen, nämlich das eines – wie schon Zupančič es nannte – fundamentalen Mangels als konstitutives Moment im Horizont des Seins. Kant wusste nichts, wie Žižek schreibt, vom Lacan'schen Begriff des gebarrten »großen Anderen«, aber immerhin vom »›gebarrten‹ G (Gut)« als dem höchstem Gut. Denn Kant gesteht ein, dass der Mensch als endliches Wesen nicht zum »Ding an sich« als höchstem Gut, dem *apriorischen* Objekt, vordringen kann. Dieses »höchste Gut [... liegt] außerhalb der Reichweite unserer Erfahrung« (SW, 239).

Für Žižek steht Kants Verzicht auf dieses höchste Gut und die Verweigerung eines jeglichen konkreten Inhalts seiner Ethik in Gestalt von Vorschriften (zugunsten der *reinen Form* des kategorischen Imperativs) in Analogie zu dem, was Lacan die »symbolische Kastration« nennt, in der die nicht zu überbrückende Distanz zum »Ding« und das sich daraus speisende Begehren nach dem »objet petit a« zum Subjekt-konstituierenden Moment wird. In der »symbolischen Kastration« wird auf das ›höchste Gut‹ verzichtet (die Mutter als Objekt inzestuösen Begehrens). Durch diese »›Auslöschung‹« des höchsten Guts, »des inzestuösen *Inhalts*, entsteht das Väterliche Gesetz als sein *formales*, metaphorisches Substitut.« (SW, 240) Wir sehen hier den Analogiebezug zwischen Kants rein »formalem« Kategorischen Imperativ und dem rein formalen Väterlichen *Gesetz*. Žižek interessiert der Gedanke, dass erst die ›Auslöschung‹, d.h. der Verlust des höchsten Gutes, die symbolische Ordnung ermöglicht und der Verlust, ähnlich wie Kants Unzugänglichkeit zum »Ding an sich« als höchstem Gut »eine ›ontologische‹ Funktion« (SW, 241) besitzt, die erst garantiert, »dass jedes positive Element einen Platz einnimmt, der ihm nicht ›konsubstantiell‹ ist, und dass es eine Leere ausfüllt, die nicht ›seine eigene‹ ist.« (SW, 241) So wie der Bereich des »Guten« für Kant »gebarrt« ist, »da der Mensch als endliches Wesen nicht zum »Ding an sich« als höchstem Gut, das »a priorische Objekt« (SW, 239) vordringen kann und der Antrieb unseres Willens nur in der Form unseres Handelns gefunden werden kann (SW, 240), so garantiert bei Lacan der Prozess der »symbolischen Kastration« die Etablierung des Väterlichen Gesetzes. »Der Verzicht auf das inzestuöse Objekt verändert den Status, die Seinsweise *aller* Objekte, die an seine Stelle treten. Sie sind alle anwesend *auf dem Hintergrund einer radikalen Abwesenheit*. Sprich: kein späterer Gewinn kann uns für die Kastration entschädigen, da jeder mögliche Gewinn in dem Raum erscheint, der durch den Akt der Kastration eröffnet wurde« (SW 241). Ebenso hatte Heidegger bei Kant erkannt, dass die Endlichkeit des transzendentalen Subjekts kein Mangel ist, sondern »das für die ›objektive Realität‹ Grundlegende.« (TS, 224) Diese Erkenntnis hat Kant die Möglichkeit geben, den Horizont der traditionellen Metaphysik aufzubrechen und damit das Verständnis des Kosmos als ein geordnetes Ganzes des Seins zu überwinden.

Wenn Kant zugesteht, dass der Bereich des Noumenalen frei von Widersprüchen sein müsse, und gleichzeitig einräumt, dass eine solche These nur ein regulatives Ideal sein kann, welches der Vernunft die Möglichkeit gibt, ein kohärentes und in sich geschlossenes epistemologisches System und das Verständnis eines kohärenten Kosmos zu etablieren, so sagt er damit gleichzeitig, dass der Verstand ohne bestimmte »Phantasmen« nicht arbeiten kann. Diese drücken sich z.B. in den drei Postulaten aus, die er in der *Kritik der praktischen Vernunft* aufzählt: das »Dasein Gottes«, die »Unsterblichkeit der Seele« und die »Freiheit« des Menschen. In einem ähnlichen Sinne betrifft dieser Umstand der Unerkennbarkeit des Bereichs des Noumenalen auch das Kant'sche Subjekt als *homo noumenon*. Es ist unfähig, sich durch Introspektion selbst als ein »denkendes Ding« in den Blick zu bekommen. Das Subjekt kann sich selbst nicht anders denn als Erscheinung erkennen.[103] Auch wenn wir daher Kant zufolge mit Notwendigkeit ein »transzendentales Subjekt«, das sich selbst und allem anderen zugrunde liegt, setzen müssen, so können wir es dennoch nicht erkennen. Das »transzendentale Ich« kann sich nie zum Objekt der Erkenntnis selbst machen, was uns erlaubt, hier von einer Spaltung des Subjekts in der Kant'schen Philosophie zu sprechen. Diese durch die Endlichkeit des Subjekts bestimmte Unfähigkeit muss aber wiederum als ein dem Subjekt »an sich« zukommendes Moment und nicht als Makel verstanden werden. Demnach ist das Subjekt auf inhärente Weise – sprich durch Notwendigkeit – von einer phänomenologischen Selbst-Ergreifung getrennt, in der es sich als ein finites, mit Endlichkeit in einem ontologisch-materiellen Sinne ausgestattetes Wesen erkennen könnte. Johnston schreibt dazu treffend: »The nothingness fled from the void that Kant allegedly labours so hard to avoid, is nothing other than the very absence of the subject itself, the negation of the insurmountable ›transcendental illusion‹ of its apparent immortality.«[104] Hier wird offensichtlich, wie Žižek im Kant'schen Subjekt das Lacan'sche »gebarrte« Subjekt vorweggenommen sieht: das noumenale Subjekt seiner (unbewussten) Äußerungen auf der einen und das phänomenale Subjekt der Äußerung auf der anderen Seite. Auch wenn das Subjekt für Lacan für immer außerhalb der Reichweite eines möglichen introspektiven Selbst-Bewusstseins ist, ist es dennoch immer wieder gezwungen zu versuchen, sich nach dieser Unmöglichkeit auszustrecken, wobei ein Nebeneffekt die Generierung von Phantasmen ist. Žižek: »Kant's transcendental turn: it desubstantializes the subject (which, with Descartes, still remained ›res cogitans‹, i.e., a substantial ›peace of reality‹) – *and it is this very desubstantialization which opens up the empty space (the ›blank surface‹) onto which fantasies are projected, where monsters emerge.*«[105] (E!, 136) Der Mangel lässt das Subjekt demnach nicht in Ruhe, sondern erst zum Subjekt werden, wobei die Gesamtheit von Prädikaten, die der Ursprünglichkeit, Nichtigkeit der Subjektivität in seiner rohen Negativität angehängt werden, wie Supplemente zu verstehen sind, die versuchen, diese Leere auszufüllen. (ME, 144) Das »gebarrte« (von sich selbst getrennte) Subjekt sucht sich demnach mit einer Vielzahl von Bedeutungsträgern, um für sich die Fragen des »Wer bin ich?« und »Che vuoi?« zu beantworten, wobei alle Antworten auf eine transzendentale Illusion abzielen. Transzendental ist sie in dem Sinne, dass sie die Bedingung dafür ist, dass der Mensch überhaupt eine Identität entwickeln kann. Wie Lacan schreibt: »Das Subjekt, das ist diese Erscheinung, die, eben noch, als Subjekt, nichts war, die aber, kaum da, auch schon zum Signifikanten gerinnt.«[106] Der schreckliche »Abgrund« des Dings an sich als Leere ist der phantasmatische Kern des Subjekts selbst.[107] Nach Lacan besteht Kants grundlegende Lehre darin: Das Subjekt »ist« nur, insofern, als das Ding (das Kant'sche »Ding an sich«, ebenso wie das Freudsche unmöglich-inzestuöse Objekt, *das Ding*) urverdrängt wird, abgetrennt durch Kants Differenzierung zwischen einem Bereich der Erscheinungen und dem nicht zugänglichen Bereich des »Dings an sich«. (SW, 275) Aber dieses Urverdrängte führt »ein fundamentales Ungleichgewicht ins Universum ein: das symbolisch-strukturierte Universum, in dem wir leben, ist um eine Leerstelle organisiert [...] (die Unerreichbarkeit des Dings an sich).« (SW, 276) Während, so Žižek, im prä-kantischen Universum der Held im antiken Epos und in der antiken Tragödie vom Wahn befallen wird, weil die Patina seines Mensch-Seins entweder durch tierischen Trieb oder göttlichen Eingriff zerstört wird, so verhält es sich nach Kant umgekehrt. Nach ihm bedeutet Wahnsinn das Hervorbrechen des nicht mehr zurückgehaltenen Exzesses, der das eigentliche Wesen des Menschen ausmacht, »the very core of human being.« (IR, 216) Wie schon aus diesen Sätzen anklingt, entdeckt Žižek in Kant den ersten Theoretiker eines »gebarrten« Seinshorziontes. Ebenso findet er in ihm den ersten Theoretiker eines »gebarrten Subjekts«, das schließlich von Lacan ins Zentrum der Analyse des psychischen Apparates gestellt wird.

III. Ethik und politischer Akt

1. ETHISCHE LEIDENSCHAFT

Das Thema der Ethik ist im Verlauf dieses Buches mehrmals besprochen worden. Unter anderem in Žižeks Anmerkungen zu Kafka und der dort auftauchenden Frage, wie das Subjekt sich von seinem Zwang zur Phantasmen-Produktion als Immunisierungsstrategie gegenüber einer der symbolischen Ordnung zuschreibbaren De-Legitimität zuweilen befreien kann. In den folgenden Ausführungen nimmt das Thema zusätzliche Dimensionen an. Žižeks Interpretationen der mythischen Figuren Antigone und Medea und seine Auseinandersetzung mit der Habermas'schen Diskursethik werden analysiert. Die folgenden Ausführungen werden deutlich machen, wie radikal Žižeks Ethik ist und wie schwer sie aufgrund dieses Umstands in die Tradition philosophischer Ethik integriert werden kann.

ANTIGONES BEGEHREN

Die Sprache des Menschen reduziert das einzelne Ding, die einzelne Sache auf ein Abstraktum. Es reißt es aus einer organischen Einheit heraus (›tötet‹, ›mortifiziert‹ es, wie Lacan sagt) und behandelt es als autonomes Objekt. Dabei erfährt sich der Mensch als Sprachwesen gleichzeitig als »submerged in the universe of signs which forever prevent us from attaining the Thing.« (IR, 191) Zwar können wir durch die Sprache das einzelne Ding – z.B. den einzelnen Baum im Park isolieren, ihn sinnbildlich ›herausreißen‹ und ihn in diesen Text ›hineintun‹ – aber gleichzeitig integriert die Sprache das Ding / die Sache damit in ein Bedeutungsfeld, das diesem selbst *extern* ist. Dies kommt, weil das Wort, wie Žižek schreibt, immer schon überdeterminiert ist »by the symbolic framework which structures our perception of reality.« (IR, 191) Im Fluss der Signifikanten, in der Bewegung der Sprache erweist sich somit das Ding selbst in seiner ›natürlichen‹ Bedeutung / Wesenheit als notwendig ausgeschlossen, wobei dieser Mangel an ›Substanz‹ im Wort, wie Lacan behauptet, das auf Mangel beruhende *Begehren* des Menschen als Sprachwesen auf verschiedenen Ebenen betrifft. Begehren, »désir«, begegnet uns als Moment, das in das Universum des Subjekts ein nichtkommensurables Maß einführt, eine permanente Distanz der Trennung, ohne die es für den Menschen im strikten Sinne kein Universum geben würde.[108] Diese permanente Distanz der Trennung betrifft, wie wir weiter oben gezeigt haben, »objet petit a« als Objektursache des Begehrens ebenso wie das *Ding* als das verbotene Objekt, das Lacan auch »hors-signifié«, das »Signifikats-Außerhalb«[109] nennt. Letzteres ist das verlorene inzestuöse Objekt des Begehrens, das man kontinuierlich versucht wieder einzufangen[110], wobei der Mangel, auf dem das Begehren nach Fülle beruht, Effekt der Nachträglichkeit in der Subjekt-Konstitution ist und nicht auf eine ursprüngliche Fülle verweist, die es irgendwann (z.B. im Mutterleib) einmal gab. Lacan setzt sich explizit von Melanie Klein und ihrer Schule ab, indem er sagt: am Anfang war der Verlust.[111] *Das Ding* als »hors-signifiant« und »hors-signifié« gab es nie. Für Lacan liegt der Verlust, dem was verloren ist, voraus, während die Klein'sche Schule sich zur Aufgabe stellt, das Objekt wiederzufinden, das ursprünglich in der Lage war, den Zustand der Hilflosigkeit des Menschen zu mildern. Für Lacan ist dies ein Mythos (er spricht vom »Klein'schen Mythos«[112]), der, so sein Urteil, wie viele andere, von einem verlustig gegangenen Ursprung ausgeht.

Žižek diagnostiziert nun, dass Lacans Ethik in dem Kontext seiner Lehre des Begehrens, des *désir*, darauf beruht, sich trotz dieses nie überwindbaren Abgrundes (zwischen dem angeblich verlorenen *Ding* und seinen symbolischen Substituten) von diesem Begehren nicht abbringen zu lassen. Lacans berühmtes Diktum: »ne pas céder sur son désir« steht für die Aufforderung, sich nicht mit Substituten zufrieden zu geben und die Kluft zum *Ding* offen zu halten. Žižek spricht von einem »heroism of the lack«[113] in diesem Zusammenhang. Eine solche (ethische) Position nimmt nun, und darum musste diese auf den Kontext des Dinges anspielende Einleitung vorangestellt werden, bei Lacan und Žižek die Figur der Antigone ein: »[T]he Thing is the stuff tragic heroes like Oedipus or Antigone are made of, its lethal blinding intensity forever marks those who enter its event horizon.« (OB, 19-20)

Die Tochter des Ödipus und der Iokaste wird von Lacan in seinem *Seminar VII* (*Die Ethik der Psychoanalyse*) für eine existentielle Haltung eingeführt, die für ein nicht-kompromittiertes und nicht-relativiertes Begehren mit tödlichen Konsequenzen steht.

Es ist wichtig, sich in diesem Kontext des Begehrens an die Freud'sche Unterscheidung zwischen *Trieb* und *Instinkt* zu erinnern. Instinkte sind biologische Bedürfnisse wie Hunger und Durst. Sie verweisen auf ein relativ feststehendes und angeborenes Verhältnis zum begehrten Objekt. Triebe aber sind nicht unmittelbar an bestimmte Objekte gebunden. Dylan Evans schreibt: »[They] differ from biological needs in that they can never be satisfied, and do not aim at an object but rather circle perpetually round it.«[114] Diese Unterscheidung spielt in einer von Žižek oft kommentierten Anekdote eine Rolle, die Jacques-Alain Miller beschreibt und die uns eine Vorstellung von Antigones Begehren gibt: »[I]n a labyrinthine set-up, a desired object (a piece of good food or a sexual partner) is first made easily accessible to a rat; then, the set-up is changed in such a way that the rat sees and thereby knows where the desired object is, but cannot gain access to it; in exchange for it, as a kind of consolation prize, a series of similar objects of inferior value is made easily accessible – how does the rat react to it? For some time, it tries to find its way to the ›true‹ object; then, upon ascertaining that this object is definitely out of reach, the rat will renounce it and [put up with] some of the inferior substitute objects. In short, it will act as a ›rational‹ subject of utilitarianism. It is only now, however, that the true experiment begins: the scientists performed a surgical operation on the rat, messing about with its brain, doing things to it with laser beams about which, as Miller put it delicately, it is better to know nothing. So what happened when the altered rat was again let loose in the labyrinth, the one in which the ›true‹ object is inaccessible? The rat insisted; it never became fully reconciled to the loss of the ›true‹ object and [never] resigned itself to one of the inferior substitutes, but repeatedly returned to it, attempted to reach it. In short, the rat was in a sense humanized, it assumed the tragic ›human‹ relationship toward the unattainable absolute object which, on account of its very inaccessibility, forever captivates our desire.« (OB, 103-104)

Was die Ratte nach ihrer Gehirnoperation aufweist, ist »a stubborn attachment« zum unmöglichen Objekt. Aus dem Objekt ist *das Ding* geworden, etwas, das unerreichbar ist und auf das die Ratte dennoch unnachgiebig fixiert bleibt. Es ist diese nicht zu durchbrechende Bewegung einer Schleife, die den Trieb in Abgrenzung vom Instinkt betrifft und Antigones Begehren veranschaulicht.

Der Trieb ist folglich nicht ein Restbestand der Animalität, den der Mensch noch nicht abwerfen konnte. Der Trieb ist das anti-animalische Moment eines Exzesses, das den Menschen radikal vom Tier unterscheidet.

Antigones Verhalten hat nun genau etwas mit diesem Begehren als der Verkörperung einer exzessiven Geste zu tun, die eine Kluft zwischen Mensch und Tier einfügt. Indem Antigone ihr Begehren kompromisslos verfolgt, setzt sie – aus ihrer Position – alles für nichts aufs Spiel. Für Lacan ist bedeutsam, dass Antigones Entscheidung sie jenseits eines rationalen Diskurses führt, in der kollektive Normen der Polis vertretbar vorgebracht werden können. Daher transzendiert ihre Position die binären Alternativen einer simplen Antithese von Freiheit gegenüber Tyrannei oder dem Recht des Einzelnen gegenüber der Staatsraison. Überspitzt formuliert: Antigone will sich nicht von ihrem »Ding« abbringen lassen, sie will sich nicht *objets petit a* als metonymische Alternativen zum *Ding* aufdrängen lassen. Sie will *das Ding* in seiner Monstrosität selbst, auch dann, wenn dies ihren Tod bedeutet. In *Die Tücke des Subjekts* schreibt Žižek: »[Der Trieb ist] eine unheimliche *Wildheit* [...], die zur menschlichen Natur zu gehören scheint – ein wilder, ungebändigter Hang, der hartnäckig um jeden Preis am eigenen Willen festhält.« (TS, 53)

Wie Freud offen gelegt hatte, birgt Kultur ein Gesetzesgeflecht, das versucht, diesen Trieb zu zähmen. Bei Antigone wirkt aber dieses Gesetzesgeflecht im eigentlichen, ihren Exzess disziplinierenden Sinne, nicht mehr. Warum? Weil ihre Position die Vorstellung eines obersten, aus der Sicht der symbolischen Ordnung vertretbaren Gutes ›transzendiert‹. Sie legt offen, dass ihr Begehren als Geste des Exzesses, als Haltung, die nicht in die symbolische Ordnung reintegriert werden kann, eigentlich nicht von dieser Welt ist. Lacan schreibt: Ihr Begehren zielt über die Grenzen menschlichen Begehrens, »über die ἄτη hinaus«.[115] Ατη versteht er in einem sehr viel weiteren Sinne als Unglück und Klage. Es ist ein Bereich *jenseits* von Unglück und Klage. Lacan zufolge vertritt Antigones Akt eine Ethik jenseits einer expliziten Wahl für ein bestimmtes Gut. Sie stellt sich jenseits des Lustprinzips. Die Bevorzugung eines Todseins im Leben wird so zur singulären Apotheose tragischer Transgression. Lacan: »Antigone zeigt sich als αὐτόνομος, reines und einfaches Verhältnis des menschlichen Wesens zu dem, als dessen Träger dieses sich wunderbarerweise vorfindet, nämlich jenes signifikanten Einschnitts, der ihm die unübersteigbare Macht gibt, allem entgegen zu sein, was es ist. [...] Antigone treibt die Erfüllung dessen, was man das reine Begehren nennen kann, bis an die Grenze, das reine und einfache Todesbegehren als solches.«[116] Lacans Theorie zufolge geht Antigones Tat über eine Ethik des guten Lebens im aristotelischen Sinne hinaus. Was ihre Handlung ethisch macht, ist, dass sie die durch die symbolische Ordnung verbürgten Sinn-strukturienden Verhaltensschemata außer Kraft setzt. Dabei nimmt sie eine Position ein, die Lacan (und Žižek im Anschluss an diesen) als eine Position »between the two deaths« (SO, 134) beschreibt. Zwar *lebt* Antigone in dem zeitlichen Abstand zwischen ihrer Entscheidung, sich dem Willen Kreons nicht zu unterwerfen, und ihrem Selbstmord am Ende des Stückes. Doch gerade dieses Leben, das sie zwischen diesen beiden Punkten führt, ähnelt für Lacan eher einem Leben, das wie von einem *außer-symbolischen Ort* geführt wird. Gerade dieses, ihr Leben zwischen-zwei-Toden ist, was ihr eine erhabene, damit aber auch für das Publikum eigentlich nicht fassbare und, wie Lacan sagt, schreckliche Schönheit verleiht.

Freud nennt das *Ding* einen Aspekt im »Nebenmensch[en]«.[117] Es verweist auf einen unbekannten Aspekt einer bekannten Person, einer Person mit vielen Ähnlichkeitsbezügen, sagt Freud, wie z.B. die Mutter es sein kann; aber die Mutter in einer sehr ungewöhnlichen Erscheinung, schreiend oder weinend. Bei Antigone begegnet uns, wenn wir diesen Freud'schen Gedanken aufnehmen, das *Ding* als erschreckende Geste, die nicht zu verhandeln ist. Das Ding am »Nebenmenschen«, in diesem Fall an Antigone, verweist in seiner Nicht-Kommensurabilität auf die anamorphische Leere, auf etwas Nicht-Repräsentierbares, um das herum das Imaginäre die Welt konstruiert. Für Lacan ist Kunst, wenn sie dieses Namens würdig ist, immer in einem ähnlichen Sinn im Kontakt mit diesem *Ding*: dem *Ding* am ›Nebenmenschen‹ im Sinne Freuds, wie dem *Ding* als dem verbotenen, nicht-realen Objekt jenseits der Signifikantenkette. Das Kunstwerk macht es bemerkbar, wenn es dieses auch nicht wie ein Objekt sichtbar werden lassen kann. Žižek sieht den Bezug von Lacans Anmerkungen zum »Ding« in Freuds Entwurf-Schrift und seiner Antigone-Interpretation dort, wo dem Publikum von Sophokles' Tragödie der Bereich *des Dings* genau in dieser Zone »entre-deux-morts« begegnet. »This place ›between the two deaths‹, a place of sublime beauty as well as terrifying monsters, is the site of *das Ding*, of the real-traumatic kernel in the midst of symbolic order.« (SO, 135) Lacan zufolge ›existiert‹ eigentlich nichts anderes als dieses *Ding*, weil es vom Menschen nie in Besitz genommen wurde. Die einzige Spur, die es hinterlässt, ist diejenige einer radikalen Andersartigkeit. Antigone steht daher auch für diesen »real-traumatic kernel in the midst of symbolic order.« (SO, 135) Während der Geist von Hamlets Vater in Shakespeares Stück fur Lacan ein analoges Leben-zwischen-zwei-Toden repräsentiert, unterscheidet er sich radikal von Antigone. Hamlets Geist spukt über die Bühne, weil er nicht symbolisch, sondern nur biologisch tot ist. Antigone ihrerseits ist in ihrer radikalen Ablehnung der symbolischen Ordnung ›symbolisch tot‹, lebt aber noch und spricht ihre nicht-verhandelbare Botschaft. Sie ist ein Fremdkörper auf der Bühne, die ›Gräte im Hals‹ von Kreons symbolischer Ordnung, die verhindert, dass er diese Ordnung abschließen kann.

Wie erwähnt birgt Kultur ein Gesetzesgeflecht, das versucht, diesen Trieb, den Antigone auslebt und damit das ganze Staatswesen Thebens in Gefahr bringt, zu zähmen. Kultur strebt nach einer Befriedigung des exzessiven Moments, das den Trieb und das menschliche Begehren definiert. Indem das Gesetz das *Ding* als etwas, das für eine absolute Satisfaktion steht, verbietet, eröffnet es aber gleichzeitig dasjenige, was Lacan die metonymische Bewegung des Begehrens als einen nicht-endenden Prozess nennt. »The ultimate function of the symbolic Law is to enable us to *avoid* the debilitating deadlock of drive – the symbolic Law already reacts to a certain inherent impediment on account of which the animal instinct somehow gets ›stuck‹ and explodes in the excessive repetitive moment, it enables the subject to magically transform this repetitive movement through which the subject is stuck *with* and *for* the drive's cause-object, into the eternal open search for the (lost/prohibited) object of desire.« (OB, 97-98)

Was dabei das Gesetz leistet ist, wie Žižek auch in seiner Paulus-Lektüre nahelegt, dass es in einem gewissen Sinne die Phantasie provoziert, dass das *Ding* nicht wirklich unmöglich/unerreichbar ist.[118] Das Gesetz wird demnach, wie Depoortere treffend beschreibt, zur eigentlichen Projektionsfläche der Phantasie, die den Menschen vom *Ding* auf Distanz hält, gerade weil der direkte Kontakt mit ihm ›tödlich‹ wäre, wie der Fall Antigone offenlegt. Das Problem, das sich dabei ergibt, ist, wie das *Ding* zu konzeptualisieren ist. Žižek gibt eine Antwort, indem er es selbst mit dem Begriff des Mangels identifiziert. »The Thing is nothing but its own lack, the elusive spectre of the lost primordial object of desire engendered by the symbolic Law/prohibition and *objet petit a.*« (OB, 97) So verstanden begegnet uns das *Ding* als die ›Kluft‹ im Zentrum der symbolischen Ordnung, um die herum es seine metonymischen Bewegungen vollzieht. In diesem leeren Raum können dennoch bestimmte Dinge ›erscheinen‹ wie z.B. die bereits oben analysierten Partialobjekte (Brust, Fäzes, die Stimme und der Blick), aber auch ganz generell das, was Lacan *objets petit a* nennt, als »dis-incarnation as it were, of the lack«.[119]

MEDEAS AKT

Žižek bleibt Lacans Antigone-Interpretation nicht treu. Er artikuliert stattdessen in *Das fragile Absolute* eine explizite Kritik an der Tochter des Ödipus. Er tut dies, weil er das, was Lacan an Antigones Beispiel als eine radikale, die symbolische Ordnung transgredierende Entscheidung interpretiert, noch einmal radikaler in der mythischen Frauengestalt der Medea aufspürt. Sie nimmt nicht, wie Antigone, *ihren* Tod in Kauf, sondern den ihrer Kinder. Žižek behauptet im Verlauf seiner Argumentation, dass Antigones Haltung doch noch der symbolischen Ordnung verpflichtet bleibt, und zwar dort, wo sie in Opposition zu Kreon aufzählt, worauf sie durch ihren Tod alles verzichtet: Ehe, Kinder, etc. Damit artikuliert sie einen Opfer-Diskurs, der auf eine – wenn auch wesentlich negativ gestaltete – ökonomische Funktion des Opfers verweist und nach Žižeks Meinung eher mit dem zu tun hat, was er »die schlechte Unendlichkeit« nennt, »die man durch die Ausnahme opfert (das Ding, für das man es tut und das genau NICHT geopfert wird.«[120] Wenn Antigone aufzählt, was sie opfert, artikuliert sie einen Ort, den sie wie von einem höheren, jedes menschliche Maß überbietenden utopischen Ort wie von einem nun neuen, aber letztlich immer noch mit der symbolischen Ordnung in Verbindung stehendem Prinzip, ableitet. Das verleitet Žižek dazu, Antigones Opfergeste als eine »männliche Phantasie *par excellence*«[121] zu interpretieren. Antigone opfert zwar Ehe, Kinder, Familie. Sie tut dies aber *im Namen der Familie* und der Götter. Ihre Opfergeste fällt in den Bereich einer ›Kapitalanlage‹, die dem Kalkül bestimmter Interessen und Ideale (z.B. dem Ideal der *wahren Familie*) entspricht. Antigones Akt ist demgemäß für Žižek ein Akt, der auf halbem Wege in der ökonomischen Funktion des Opfers stecken bleibt und nicht mit der Opfergeste als Tauschaktion selbst bricht. Daher behauptet Žižek, dass ein sehr viel radikalerer »Akt« mit Medea assoziierbar ist. »[H]ow are we to fight power? Through fidelity to the old organic Mores threatened by Power, or by out-violencing Power itself? Two versions of femininity: Antigone can still be read as standing for particular family roots against the universality of the public space of state Power; Medea, on the contrary, out-universalizes universal Power itself.« (OB, 158, Fußnote 24) Antigone opfert ihre Zukunft für eine Hoffnung auf die wahre und bessere Polis, während Medea ihre Kinder als Einspruch gegen alles »für nichts« tötet. Medea rechtfertigt ihre Tat nicht mit einem der symbolischen Ordnung noch verbundenen höheren Prinzip.

George Bataille entwickelt in seiner *Theorie der Religion* eine Hypothese zum Opferritus, mit der er gegen Strukturen einer Ökonomie der Tauschhandlung Stellung nimmt. Wenn es für den Menschen darum geht, nicht nur ein Ding zu sein, behauptet er, so muss der Mensch sich auf seine innere Wahrheit beziehen und sich dieser inneren Wahrheit aussetzen, indem er sie aussetzt. Dies gelingt dem Menschen im Opfer. Warum? Weil es der Bewegung entstammt, durch die der Mensch sich auf sich selbst zu beziehen sucht, auf sein Wesen und auf seine Identität. Diese Bewegung führt ihn dazu, sich in einem Moment der Negativität als einem Einbruch seines eigenen Todes, seiner eigenen Sterblichkeit gegenüberzustellen.[122] Was Batailles Ausführungen interessant macht, ist der Umstand, dass sie durch ihren Bezug auf Hegels Philosophie (Bataille hat ebenso wie Lacan an den berühmten Vorlesungen Alexandre Kojèves teilgenommen) betonen, inwieweit das Opfer im Bereich der Problematik der Hegel'schen Negativität steht. Batailles Ausführungen nehmen Aspekte von Žižeks Interpretation des Kreuzestodes Christi vorweg, die Žižek seinerseits in Anlehnung an Hegels spekulativen Karfreitag entwickelt. Žižek interpretiert den Kreuzestod ebenso wenig als Ökonomie des ›Tausches‹, sondern als ein Moment, in dem sich Transzendenz selbst als ein von Negativität durchkreuzter Bereich enttarnt und der Hegel'sche Weltgeist nur seine Wahrheit in der absoluten Zerrissenheit findet.

Die griechische Philosophie beginnt mit dem Versuch, die Realität des Menschen in dem Begriff eines ursprünglichen Prinzips, einem Urgrund allen Seins zu begründen. Die frühesten dieser Thesen von Thales von Milet, Anaximander und Anaximenes entwerfen die Vorstellung einer urzeitlichen Substanz als die Quelle all dessen, was ›ist‹.

Eine ähnliche Philosophie als Bestimmung des Urgrundes als dem Einen entwickelt der Neo-Platonismus Plotins einige Jahrhunderte später. Das Eine ist das nicht nachweisbare erste Prinzip von allem, wobei der Begriff sich zu einem Synonym des Gottes-Begriffes entfaltet. Ein solcher Gott steht als ursprüngliches Prinzip am Anfang der Realität. Er ist Urgrund allen Seins. Unter dieser Rücksicht ist er aber nicht harmonisierbar mit dem Gottes-Begriff, den die hebräische oder christliche Bibel enthüllt. Dies schließt nicht aus, dass sowohl im Judentum von der nachbabylonischen Exilszeit bis zum ersten Jahrhundert ebenso wie im Christentum vom ersten Jahrhundert bis hin zur Scholastik immer wieder die Bestrebungen groß waren, den Gottes-Begriff in diese griechische Tradition zu stellen.

In den *Vorlesungen über die Philosophie der Religion* entwickelt Hegel den Gedanken, dass im Christentum der traditionelle Gott religiöser Metaphysik am Kreuz stirbt und durch die Ausgießung des Heiligen Geistes seinen Platz im Jenseits eintauscht mit der Gemeinschaft der Gläubigen im Diesseits. Žižek übernimmt diesen Gedanken, wobei er sich in seiner Adaptation mehr als Hegelianer und weniger als Lacanianer erweist. Zwar sah Lacan im Gegensatz zu Freud Religion sehr viel positiver, nämlich als Medium der Selbst-Befragung des Menschen[123] und nicht als Ausdruck regressiven Wunschdenkens, entwickelte aber keine religionsphilosophische Interpretation des Christentums.

Für Žižek steht der Kreuzestod in der christlichen Soteriologie für die Transformation einer Kluft. Lag diese einst zwischen der Schöpfung (Immanenz) und Gott (Transzendenz), so steht sie im Kreuzestod Christi für eine Transzendenz, die sich selbst *selbst* teilt und infolgedessen ihre Selbst-Identität vereitelt. Der trinitarische Gott vollzieht in der Kenose (in der Selbstentleerung Christi am Kreuz) gewissermaßen eine Transsubstantiation in umgekehrter Ausprägung: aus *Fülle des Seins* wird der sich entäußernde »Menschensohn« in seiner ganzen Fragilität. Damit tritt aus religionsgenealogischer Perspektive für Hegel und Žižek ein verschwindend kleiner *Riss* in die Immanenz, der als Sinnbild für die Nicht-Koinzidenz der Substanz (Gott) mit sich selbst steht. Dieser Riss durchstößt auf allen Ebenen das Denken der Identität im Aufweis, dass Identität, *als Identität*, immer noch *nicht alles* ist. Für dieses *nicht alles* steht die christliche Kenose im Bereich der Religion. In ihr fügt sich nach Žižek Gott als oberster Garant der *Seinsfülle* selbst einen inhärenten Mangel, ein *immer noch nicht alles* zu, um, wie Žižek nahelegt, *mehr zu sein* als Allmacht: eine Art nicht kalkulierbarer Abgrund.

Der den Menschen erleuchtende Lichtfunke kommt nun nicht mehr, wie Augustinus' Erleuchtungstheorie nahelegt, aus dem Bereich göttlicher Weisheit in den Vernunftraum des menschlichen Geistes. Er entzündet sich an der Kluft, an dem Riss, der verhindert, dass die Immanenz mit sich selbst identisch wird. Damit verkörpert der biblische Gott für Žižek das Gegenteil eines auf griechisch-philosophische Paradigmen zurückgehenden Gottesverständnisses, das dieses im neuplatonischen Sinne auf einen Ursprung des Einen bezieht. Das Christentum steht für die Entäußerung von Transzendenz zugunsten einer im Mangel bzw. durch den Mangel sich immer wieder neu generierenden, aber auch sich immer wieder neu zerstörenden Immanenz. Žižek kritisiert in diesem Zusammenhang (auf den letzten Seiten von *The Fragile Absolute*) eine Interpretation des Kreuzestodes als eines ökonomischen Tauschgeschäftes. Der Tod Jesu am Kreuz wird in der christlichen Soteriologie als »sacrificial gesture in the exchange between God and man« verstanden. Christus ist »für« eine sündige Menschheit gestorben und hat als ›neuer Adam‹ durch sein Opfer die Nachkommen des sündigen Adams erlöst. Es stellt sich aber die Frage, ob Gott durch diese Opfergeste sich nicht unter eine noch höhere Autorität stellt, der er wiederum seinen Sohn »opfern« muss. Gott ist dann »like a Greek tragic hero subordinated to a higher Destiny: His act of creation, like the fateful deed of the Greek hero, brings about unwanted dire consequences, and the only way for Him to re-establish the balance of Justice is to sacrifice what is most precious to Him, His own son« (FRA, 158). Sollte Gott dennoch der Allmächtige sein, stellt sich das Problem, dass er einen perversen Charakter hat. »He creates suffering, sin and imperfection, so that He can intervene and resolve the mess He created, thereby securing from Himself the eternal gratitude of the human race« (FRA, 157). Und warum muss überhaupt, fragt Žižek, Gott seinen Sohn opfern? Er könnte der Menschheit doch auch einfach so vergeben. »Things become even more uncanny if we focus on the idea that God sacrificed his Son in order to bind us to himself through Love: what was at stake, then, was not only God's love for us, but also his (narcissistic) desire to *be loved* by us humans.« Diese Widersprüche lösen sich für Žižek ansatzweise, wenn der Kreuzestod Christi aus dem Verständnis einer Ökonomie gelöst und eingebunden wird in den Gedanken einer Entäußerung von Transzendenz selbst. Christus begegnet uns dann als Gott der minimalen Differenz, die die Immanenz selbst in die Sphäre der Transzendenz verkehrt.

CHRISTUS ALS »BARELY NOTHING«

In meheren seiner Bücher artikuliert Žižek eine Differenz zwischen Judentum und Christentum. (Er bleibt ihr aber nicht immer treu.) In *On Belief* nimmt er hierzu einen Vergleich aus der Populärkultur auf und weist darauf hin, dass es in der Regel zwei verschiedene Fiktionsmodelle in der Phantasie amerikanischer Science-Fiction Filme gibt, den Außerirdischen, den Fremden, den *Alien* darzustellen: entweder als »a monster whose sight one cannot endure, usually a mixture of reptile, octopus and machine« (OB, 131) oder als jemanden, der vorgibt genauso zu sein wie wir: »ordinary humans – with, of course, some ›barely nothing‹ which allows us to identify them: the strange gleam in their eyes, too much skin between their fingers« (OB, 131). Die Differenz dieser zwei phantasmagorischen Modelle von »otherness«, markiert metaphorisch für Žižek die Trennungslinie zwischen dem Gottbild der Hebräischen Bibel und der Christlichen. In Buch Hiob sieht Žižek zum Beispiel in Gott einen ›Herrscher‹, ausgestattet mit absoluter Gewalt, »whose sight one cannot endure«; Im Neuen Testament erscheint Jesus indessen vornehmlich als Mensch wie jeder andere. Er ist nur ein klein wenig anders. Žižek nimmt die Phantasiemodelle der Populärkultur als Illustrationen dafür, wie zwei Konzepte von Alterität uns entgegen gehalten werden und etwas Fundamentales darüber sagen können, wie wir die nicht zu lösende Kluft in der Kausalitätskette des Seins mit verschiedenen Phantasmen füllen. So beschreibt die Genesis die Gottes*eben*bildlichkeit Adams mit seinem Schöpfer und doch ist diese Ebenbildlichkeit nicht zu vergleichen mit der Gottesgleichbildlichkeit, mit der Jesus sich als ›Sohn Gottes‹ bezeugt und gleichzeitig allzu menschlich auftaucht. Er isst, er trinkt, er schläft, er hat Angst, etc. In diesem Sinne sieht Žižek das Judentum geprägt von einem Gott als »wholly Other«, der uns glauben macht, »that there is something to see ›behind the curtain‹ (of the phenomena).« (TN, 37) Er sieht diese These im jüdischen Ikonoklasmus bekräftigt. Im Verbot Gott abzubilden, verbirgt sich die Angst, dass es hinter dem Abbild ein Urbild gebe.[124] Im Gegensatz dazu verkörpert Christus eine Differenz des »barely nothing«. Er ist derjenige, der einen Tick anders ist, anti-normal. Dieser Tick steht für Žižek aber gerade nicht für ein Mehr an Entrücktheit, Transfiguration, sondern er steht für den Tick eines »Exzesses«, einer »toomuchness«, die jeden Menschen wie eine inhärente Barriere daran hindert, mit sich selbst identisch und auch identisch mit seiner Spezies, dem Menschengeschlecht an sich, zu sein. Das, was Žižek den »subversiven Kern« des Christentums nennt, ist, dass es diesen Kern eigentlich nicht gibt. In der Figur Jesu am Kreuz offenbart Gott, dass es nichts gibt, welches uns die Konsistenz und Stabilität einer letztgültigen Bedeutung garantieren würde. Man könnte sagen, dass für Žižek der Kreuzestod Christi dasjenige Moment ist, in dem sich Gott in seiner eigenen Nicht-Koinzidenz offenbart und genau diese Nicht-Koinzidenz im Zentrum dessen steht, was schon die Genesis als den Umstand beschreibt, nämlich dass der Mensch »nach Gottes Abbild« geschaffen wurde. Das Subjekt, der Mensch, ist dasjenige Moment, in welchem sich die Substanz auf sich selbst zurückbiegt und sich in ihrer eigenen Nicht-Koinzidenz erfährt. Jesus' am Genre der Parabel ausgerichtete Lehre ist demnach als »parallaktische« Lehre zu verstehen, die uns von dem abzieht, was Žižek in Anlehnung an Lacans Rede von dem »großen Anderen« als die Institution eines letztgültigen Wissens nennt: derjenige, der »zu wissen meint«. Wenn Jesu Lehre sich wesentlich in Parabeln artikuliert, so gerade, weil er diese Position des »großen Anderen«, der letztgültiges Wissen hat, vakant lässt. Das Göttliche ist nicht »the Highest in man, the purely spiritual dimension towards which all humans stir«, es ist »nothing *but* the imperceptible X that changes Christ, this ordinary man, into God.« (OB, 89)

JENSEITS VON ETHIK

Aus dem, was wir bisher gesagt haben, wird deutlich, inwiefern Žižek am Christentum nicht interessiert, wie es den Menschen in ein alleinheitliches, kosmologisches Verhältnis mit Gott und der Umwelt stellt. Was ihn am Christentum reizt, ist das, was er als genaues Gegenteil eines solchen auf Alleinheitsglauben beruhenden religiösen Seligkeitsgefühls entdeckt: ein extremistisches Moment, das sich sowohl im Glauben wie in der militanten Aktion des Apostels Paulus ausdrückt. Er sieht dieses extremistische Moment dort verwirklicht, wo sich Religion weder durch Grenzen menschlicher Vernunft noch, was entscheidender ist, durch die ethischen Standards kommunitaristischer Abkunft beschränken lässt.[125] Das Christentum scheint etwas zu verkörpern, das einer Gesellschaftskritik der Gegenwart abhanden gekommen ist: die Möglichkeit, das in der westlichen Welt dominierende kapitalistisch organisierte liberal-demokratische Gesellschaftsmodell von einer *Außen*position in Frage zu stellen, ohne den Vorwurf anti-demokratischer und totalitärer Gesinnung auf sich zu ziehen. Und so seltsam es klingen mag: es ist diese Kombination aus einer in religiöser *Ideologie* verankerten »Freiheit« und einer apostolischen Aktion für eine universelle Wahrheit, die Žižek für sein eigenes politisches Engagement zur Bildung einer neuen (im historischen Materialismus verankerten) kritischen Theorie benutzen möchte. Das Christentum wird dabei ähnlich wie bei seinen Gesprächspartnern, den Paulus-Interpreten und Philosophen Alain Badiou, Giorgio Agamben und Eric Santner, niemals aus der Perspektive des Glaubens interpretiert, sondern als Modell, welches es erlaubt, die Beziehung zwischen der Realität der Freiheit des Einzelnen mit den symbolischen Gesetzen der Gegenwart zu hinterfragen. Universalismus meint dabei also nicht Formen von Hegemonie zu sanktionieren, sondern Universalität beruht hier paradoxerweise auf Ausschluss und Singularität, die den symbolischen Rahmen bestehender Verhältnisse neu formiert. Diese Position meint *nicht* eine humanistische Verehrung der Einmaligkeit des Einzelnen, sondern sie zielt darauf ab »[to reduce the indivual] to the *singular point of subjectivity«* (FRA, 127), was dazu führt, den Menschen (gegen eine Spiritualisierung des Individuums in einem polytheistisch-gnostischen Sinne von New-Age) von einer rein antimetaphysischen, materialistischen Perspektive aus zu denken. Letztendlich geht es Žižek bei seiner Rede vom Christentum paradoxerweise daher nicht um ein Christentum im christlich-religiösen, sondern in einem rein *materialistischen* Sinne. Es wird von jedem metaphysischen Glauben an eine spirituelle Realität bei Žižek ganz losgelöst. Das ist der Fall, da – wie Žižek behauptet – Christus selbst wie eine Ikone des historischen Materialismus für diese Loslösung einsteht.

Das Gegenteil einer paulinisch militanten Haltung zur universellen (christlichen) Wahrheit sieht Žižek im Kulturphänomen der New Age Bewegung. Er assoziiert diese unter anderem mit »western Buddhism«, einer allzu leicht adaptierten fernöstlichen Spiritualität, die den Alltag des überforderten ›kleinen Mannes‹ in der westlichen Welt harmonisieren soll. Žižek hält dies für das dem globalen Kapitalmarkt angepassteste Spiritualitätsmodell. Es gibt dem Einzelnen die Möglichkeit, sich in die Distanz zu einer Weltordnung zu meditieren, die in sich zerrissen ist und angeblich nicht mehr einem universalistischen Gerechtigkeitsmodell unterworfen werden kann.

Nun könnte man gegenüber Žižeks Karikaturmodell des »western Buddhism« die Frage stellen, ob das selbstzufriedene Lächeln eines in meditativer Versenkung ruhenden »westlichen Buddhisten« nicht doch überzeugender ist, als der Blut verschmierte Dolch eines jeden, der sich im Besitz einer universalistischen Wahrheit glaubt. Žižek würde auf diesen Einwand hin vielleicht sagen, dass der Blut verschmierte Dolch immerhin von einem Subjekt gehalten wird, wohingegen der westliche Buddhist mit allem eins ist, was ihn umgibt. So überzeichnet das Beispiel ist, so macht es dennoch den für Žižek nicht zu unterschätzenden Aspekt einer militanten Haltung deutlich, die er unter anderem bei Paulus, Lenin und Medea verkörpert sieht. Dies betrifft den Begriff von Gewalt selbst. Wird Gewalt im Zen-Militarismus, den Žižek im ersten Kapitel von *The Puppet and the Dwarf* dem »western Buddhism« gegenüberstellt, ein Epiphänomen, an dem das kämpfende Subjekt in ähnlich distanzierter Haltung verharrt wie das von ihm zum Angriff gezückte Schwert, so hat die Gewalt des sich im revolutionären Kampf befindenden militanten Subjekts unmittelbaren Anteil an dieser Gewalt. Gewalt als Größe, die vom Subjekt qua Subjekt ausgeht, ist für Žižeks Verständnis und auch für Žižeks Verteidigung des revolutionären und militanten Subjekts wesentlich. Dies betrifft Paulus' Haltung gegenüber der Welt, die statt von Innerlichkeit vielmehr – so Žižek – durch eine »frantic intentness outwards« (PD, 20) geprägt ist. Gegenüber innerlicher Loslösung von Konflikten wird »authentic revolutionary liberation [...] much more directly identified with violence. [...] Freedom is not a blissfully neutral state of harmony and balance, but the very violent act which disturbs this balance.« (PD, 31)

2. EXZESS EX NIHILO

DER WAHRHEITSANSPRUCH DES APOSTELS

Die Figur Christi spielt auch in in den folgenden Ausführungen eine Rolle, wenn auch in einem anderen Zusammenhang. Dieser Zusammenhang ist geprägt von der Frage, wie sich eine mit universalistischem Anspruch und doch ganz der Innerlichkeit des Subjekts verschriebene Wahrheit überhaupt Gehör verschaffen kann. Oder anders formuliert: Wie kann sich der Wahrheitsanspruch des Apostels überhaupt begründen. Žižek entwickelt dazu in dem Kapitel »Warum ist jeder Akt eine Wiederholung« in seinem Buch *Grimassen des Realen* die These, dass der Wahrheitsanspruch des Apostels bei weitem kein Thema der Religion ist, sondern immer dann Bedeutung bekommt, wenn es um radikal neue Gedankenhorizonte geht. So behauptet Žižek z.B., dass es bei den Werken von Marx, Freud und Lacan weniger um die Vermittlung abstrakter Inhalte gehe, die eine Wahrheit artikulieren, sondern dass es sich bei ihren Werken um Lehren handelt, die – strictu sensu – nur dann zu verstehen sind, wenn man sie als *vom Ort der Persönlichkeit der Autoren nicht ablösbare* erkennt. Schon in seiner Interpretation des Christentums war Žižek wiederholt auf Kierkegaard eingegangen. Hier tut er es im Rückgriff auf Kierkegaards Unterscheidung zwischen »Genie« und christlichem »Apostel«. Repräsentiert das Genie – veranschaulicht am Beispiel von Sokrates – die Verlautbarung einer Wahrheit in ihrem universellen abstrakten Sinn, die von der Persönlichkeit des Lehrmeisters abgelöst werden kann, so kommt dem »Apostel« eine Autorität zu, aufgrund derer er etwas verkündigt, das primär durch den an seine Person gebundenen *Akt der Aussage* ›wahr‹ ist (GR, 105). Christus ist kein »Genie«, das eine zeitlose Wahrheit verkündet. Er repräsentiert den »›Skandal‹ des Flecks der kontingenten Individualität, der das neutrale Feld des Wissens verwischt«. (GR, 117) Christus verlangt keine Treue zu seiner Botschaft aufgrund einer Lehre theoretisch verallgemeinerbarer Aussagen (wie man es Sokrates unterstellen könnte), sondern er verlangt eine Treue zu seiner aus der Perspektive griechischer Philosophie vollkommen »menschlichen« ja skandalös »allzu menschlichen« *persona*. Für Kierkegaard ist diese Kombination zwischen einer Botschaft und der Bindung an ihre Person, nicht an ihre Lehre als eine positive Entität allentscheidend. »Das Paradoxon des Christentums besteht in diesem Band, das die ewige Wahrheit mit einem historischen Ereignis verknüpft.« (GR, 104)

Nun könnte man sagen, dass dieses im Kontext der Religion eventuell so sein mag, aber dass das nicht für die Philosophie zutrifft. Denn deren besonders mit der Epoche der Aufklärung assoziiertes Ziel war schließlich die Loslösung von jeder Art nicht zu hinterfragender Autorität, sei sie persönlich, staatlich oder kirchlich.

Wenn Žižek in demselben Text nun behauptet, dass Marx, Freud oder Lacan als »Apostel« zu verstehen seien, so tut er dies, weil er der Meinung ist, dass die Wahrheiten, die sie in ihren Schriften verkündigen, wesentlich an dem Ort hängen, *von dem aus sie verkündigt wurden*. Diese These mag auf den ersten Blick seltsam anmuten. Worauf Žižek aber hinweisen möchte, ist, dass die Frage der empirischen Verifizierung einer Lehre etwas Wesentliches außer Acht lässt: Personen, die z.B. Freud, Marx und Lacan folgen, tun dies, weil sie von einem ›Vertrauen‹ in eine Autorität ausgehen, welche an eine historische Person gebunden ist. Sie haben erkannt oder besser: sie ahnen vielmehr, dass die ›apostolische‹ Botschaft ihrer Lehrer – um Kierkegaards Opposition von Genie und Apostel aufzunehmen – sich nur mit dem historischen Ereignis verknüpft, die diese einzelnen, mit Schwächen und Neurosen ausgestatteten Menschen verkörperten. Zahlreiche Thesen von Freud, der Begriff des »Unbewussten«, Marx' Begriff der »Klasse« sind nicht als Wahrheiten von Äußerungen in einem universellen Sinn zu verstehen, da sie empirisch kaum zu verifizieren sind.

Was Žižek in diesem Zusammenhang interessiert, ist das Paradoxon dieser seltsamen Autorität, die ihre »einzige Stütze« in ihrem »eigenen Akt des Aussagens hat.« (GR, 106) Gleichzeitig heißt dies: »Eigentliche Autorität ist auf ihrer radikalsten Ebene immer *machtlos,* sie ist immer ein gewisser ›Ruf‹, der ›uns nicht wirklich zu etwas zwingen kann‹, und doch fühlen wir uns durch eine Art inneren Zwang genötigt, ihm bedingungslos zu folgen.« Damit aber nicht genug, denn Žižek interessiert ebenfalls die Frage, worauf sich diese Autorität (unabhängig vom Charisma der Person) dann aber gründet. In diesem Zusammenhang hilft ihm Kierkegaard, seine Theorie vom *Paradox der Autorität* zu entfalten. Denn bei Kierkegaard ist nach Žižek eine Lücke in seiner Christus-Interpretation aufweisbar, die Žižek für konstitutiv für das Verständnis von Autorität hält.

Die Lücke zeigt sich wie folgt: Wenn Kierkegaard sagt, dass die Autorität Christi weder im Inhalt seiner Lehre besteht, er aber gleichzeitig als »Sohn-Gottes« Medium / Mittelsmann zum Zugang zur Wahrheit Gottes ist, dann stellt sich die Frage, »worin sie [seine Autorität] dann begründet [ist]?« (GR, 108) Christus ist weder auf seine vereinnahmende Persönlichkeit reduzierbar, noch auf eine bestimmte Botschaft, so sozial gerecht sie geklungen haben mag. Was macht ihn aber nun, für Kierkegaard, zur »Autorität«, wenn es letztlich *weder* nur seine Persönlichkeit, noch nur seine Botschaft ist. »Die einzige mögliche Antwort lautet: [die Autorität des »Apostels«

und das Paradoxon seiner Autorität gründet, D.F.] in dem leeren Raum des Durchschnitts der beiden Mengen, der Menge seiner persönlichen Eigenschaften und der seiner Lehre.« (GR, 109)

In diesem Zusammenhang druckt Žižek in seinem Buch folgende Zeichnung ab, die – wie unschwer erkennbar ist – im Mittelpunkt das Lacan'sche Signum für »objet petit a« stehen hat.

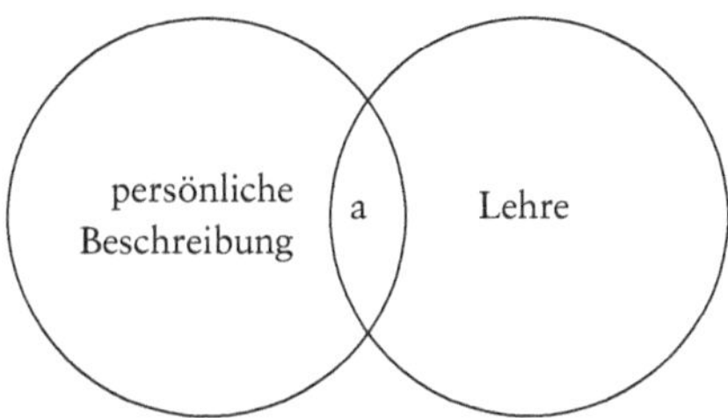

In dieser sich jeder Definition entziehenden Schnittmenge lokalisiert Žižek jenes nicht definierbare »unergründliche X, welches ›in Christus mehr ist als er selbst‹« (GR, 109). Es entspricht dem, »was Lacan *Objekt klein a* bezeichnete« (GR, 109).

Was in dieser Lücke zwischen Persönlichkeit und Lehre verdrängt wird, ist so etwas wie ein »reines Performativ«, das nicht ein Konstativ (im Sinne von: es ist so) annimmt, sprich, das nicht aufgrund einer Konstatierung der beeindruckenden Lehre der Autorität folgt, sondern das der Autorität *après coup* nach dem Sprung in ihren Sinnhorizont folgt. Und es ist diese Geste, die wie Žižek sagt »das Subjekt konstituiert«, und zwar deswegen, weil die Realität »subjektiviert« wird, »wenn das Subjekt das, was ihm auferzwungen wird [...] als seine freie Wahl setzt.« (GR, 113f.)

Im gewissen Sinne will Žižek damit sagen, dass der Mensch zwar immer in einer symbolischen Ordnung aufwächst, die er gemäß Lacan in einer »erzwungenen Wahl«

angenommen hat, dass der Mensch aber dennoch diese erzwungene Wahl in einem indirekten Sinne wiederholen kann. Letztlich steht diese Wiederholung für den Akt in Žižeks Ethik als Schritt ins Nichts und für dasjenige, was Kierkegaard den »Sprung in den Glauben« nennt. Mit diesem Akt versucht Žižek den Gedanken zu formulieren, es gäbe die Möglichkeit, an den (nicht anders als mystisch zu nennenden) Moment zu kommen, wo der Eintritt in das Symbolische wiedererlebt werden kann. Der Akt eröffnet die Möglichkeit, einen neuen Sinnhorizont zu betreten, der erst durch den Akt selbst eröffnet wird. Das Problem dieser Erklärung ist, dass wir damit im eigentlichen Sinne *keine* Erklärung erhalten haben, nur den Aufweis des Paradoxes, dass derjenige, der dem »Apostel« folgt, dies aus einer nahezu willkürlichen bzw. nicht ableitbaren Setzung / Entscheidung tut. Auf diesem Paradox aber beruht nach meiner Meinung Žižeks Ethik und seine Utopie des Aktes. Žižek zufolge ruht ›Autorität‹ gerade in der Unerklärbarkeit und Unreduzierbarkeit auf eine der beiden Bereiche in der Abbildung und damit letztlich in *objet petit a*.

Die Botschaft Christi ist nur durch seine Person, nicht durch eine Lehre verkündbar, da nur die Botschaft wie ein »heiliger Text« verstanden werden kann, der »in einem radikalen Sinne ›jenseits der Kritik‹« ist, da er selbst »den Horizont des Wahren darstell[t]«, von dem aus Kritik ihre Parameter beziehen könnte. (GR, 115) Aus demselben Grund nennt Žižek Marx, Freud und Lacan nicht Genies, sondern »Apostel« im Sinne Kierkegaards, da sie als die Begründer eines neuen theoretischen Feldes sich nicht mit den Wahrheitskriterien auseinandersetzen müssen, mit denen ihre Anhänger gemessen werden. Das betrifft Freuds Begriff des Unbewussten, wie den Begriff der »Klasse« bei Marx. »[W]enn es in ihren Texten [in den Texten von Marx und Freud, D.F.] etwas zu widerlegen gibt, so sind das einfach Äußerungen, die dem ›epistemologischen Bruch‹ vorausgehen, d.h. die nicht zu dem Feld gehören, das durch die Entdeckung des Begründers eröffnet wurde.« (GR, 115) Als Begründer neuer Wissenshorizonte haben sie folglich die Autorität radikaler Kreativität, von der zum Teil die letzten Seminare Lacans zeugen. Lacans Lehre der 70er Jahre gleicht einem Sprechen, das sich vollkommen losgebunden weiß von jeglichen Zwängen empirischer Verifizierung. Aus dem Grund lehnt es Lacan auch ab, sich als »Forscher [zu] betracht[en]« und wendet Picassos Ausspruch »›Ich suche nicht, ich finde‹«[126] auf seine eigene Arbeit an. Das schließt nicht aus, dass dieses Sprechen, dieses ›finden‹, – teilweise dem Duktus »heiliger Texte« folgend – auch eine Form der Glossolalie ist. Man denke dabei an eine Bemerkung von Louis Althussers, der schreibt: »Man muss gehört haben, wie er [Lacan] spricht [...], um die glanzvolle Boshaftigkeit zu begreifen, in der er sich, durch den Surrealismus hindurchgegangen, als Individuum realisiert. [...] Wenn Sie ins Seminar [von Lacan] gehen, werden sie alle Arten von Leuten zu sehen bekommen, ins Gebet versunken vor einem unverständlichen Diskurs.«[127] Nichtsdestotrotz zeigt die Sekundärliteratur ihre Fähigkeit, das Sprechen des »maître absolu« zurückzubinden an Kriterien wissenschaftlicher Forschung. Der Begriff der Klasse bei Marx ist gerade der Begriff des Streits um den Begriff Klasse, ebenso wie das Unbewusste bei Freud weder anwesend noch abwesend ist. Es ereignet sich ebenso wie die Suche nach dem Gott, den »niemand je gesehen« hat, im Dialog zwischen den Interpreten. Wenn Žižek in Bezug auf Lacans »Rückkehr zu Freud« sagt, dass nur eine angeblich radikale Rückkehr zum ›authentischen Freud‹ paradoxerweise eine radikale Neuentdeckung dieser angeblich immer gleichgebliebenen Authentizität ermöglicht und bisher übersehene Schichten des

Werkes zu Tage fördert, so verweist er auf die eigentliche Produktivität der Übertragungsbeziehung, die sich hinter dem Skandal, seinen Lehrer nicht nur verstehen, sondern auch »lieben« zu müssen, verbürgt.

Das von Žižek entworfene und sich dem Paradox nicht entwindende Schema ist wertvoll, wenn man es als einen Versuch versteht, zwei verschiedene Konzepte von Autorität herauszuarbeiten und einander gegenüberzustellen. Das eine ist gebunden an die »reine Lehre«, das andere Konzept der Autorität ist gebunden an einen nicht-assimilierbaren Kern. Der Bereich »a« in der Abbildung soll darauf hinweisen, dass die Lehre eines »Apostels« ›nie ganz aufgeht‹, nie ganz selbsttransparent werden kann, wobei Žižek, Kierkegaards Interpretation folgend, der sokratischen Philosophie unterstellt, sie sei wirklich, zumindest von ihrem Selbstverständnis her, auf Transparenz hin angelegt. Dagegen fordert Lacan unmittelbar Liebe zu sich und seiner Person ein, so als würde er auf die Worte im Johannes Evangelium anspielen, die Jesus drei Mal an Petrus richtet: »Liebst du mich« (Joh 21, 15-17). Es scheint, als wäre Lacan derjenige, der den pathologischen Aspekt der Liebe als Ausdruck eines »unergründlichen X« stark macht, welches eine (nicht selten obskurantistisch wirkende) Lehre, wie diejenige Lacans, als ›Diskurs der Wahrheit‹ etikettiert. Was diese Herleitung daher vielleicht theoretisch verdeutlicht, ist eine Grunderfahrung, die Studenten der Philosophie im ersten Semester machen. Es ist die Erfahrung, an einem Institut von miteinander verfeindeten Professoren zu studieren, die sich genau deshalb nicht ertragen können, weil es das Ideal der abstrakten Weisheit, das ihre philosophischen Ansätze wie in einem *tertium comparationis* pazifizieren könnte, nicht gibt und die genau aus diesem Grund der Liebe ihrer Studenten bedürfen.

Žižek sagt, dass die Lehren von Marx, Freud und Lacan »ihrem Wesen nach ›autoritär‹« (GR, 115) sind, weil sie erst den Horizont aufreißen, von dem aus ihre Werke beurteilt werden können. Daher gleicht der Sprung in ihr Denken dem Sprung des Gläubigen in die Verlautbarung des »Apostels«. Marx, Freud und Lacan sind dogmatische Führer: man ›muss‹ ihnen glauben, da nur vom Ort des Aktes ihres Aussagens sich ein Horizont aufmacht, der das, was sie sagen, mit Sinn erfüllt. Žižek verweist auf die Produktivität dieser auf dem Begriff der Liebe beruhenden Übertragungsbeziehung, die gleichsam den parallaktischen Ort zwischen Persönlichkeit und ihrer Botschaft zu besetzen sucht und gerade dadurch Neues entdecken kann. »Lacan war kein sokratischer Meister, der sich selbst vor dem erlangten Wissen auslöschte; seine Theorie rechtfertigt sich nur durch die Übertragungsbeziehung [vereinfacht gesagt: den Dialog, D.F.] zu ihrem Begründer.« (GR, 116f)

So gesehen ist Lacans angeblich orthodoxe Rückkehr zu Freud nichts anderes als die eigentliche Geburt der Lehre Lacans, so wie die wahre christliche Nachfolge nach Kierkegaard nicht vornehmlich in der Befolgung sozialer Verhaltensweisen besteht, die Jesus verkündigt hat, sondern in der *existentiellen* Verwirklichung der Botschaft Christi wurzelt, für die die Heiligen einstehen. Ihre *imitatio* kopiert nicht, sondern schafft wiederholend neue Wunder. In diesem Sinne vergleicht Žižek den philosophischen Dialog, wie er z.B. unter dem Titel »retour à Freud« zwischen Lacan und Freud stattfindet, mit der psychoanalytischen Gesprächssituation. Die Wahrheit des »Traumas« wird dort ebenso wenig einfach wie die durch einen Lehrer verkündete Wahrheit einer philosophischen Lehre wie aus einem Archiv geborgen. Sie wird vielmehr (wieder)-geboren, sie wird zwischen Analysanden und Psychoanalytiker ausagiert, geschaffen, gesetzt und »existiert« nachträglich als das, was das Subjekt immer schon rückblickend belastet hatte.

ETHIK DES AKTS – ETHIK DES DISKURSES (ZIZEK UND HABERMAS)

Im Folgenden wollen wir Žižeks Ethik am Beispiel seiner Kritik der Diskursethik von Jürgen Habermas vertiefen. Dabei kommen wir auf einige Aspekte zurück, die in den Ausführungen zu Medea und in der Analyse des ›Wahrheitsanspruches des Apostels‹ berührt wurden. Žižeks Kritik an Habermas macht deutlich, inwiefern er seine Theorie des *Aktes* als eine Geste versteht, die nichts ist, was der Realität äußerlich ist und ihr entgegensteht, sondern eher für eine Re-Markierung und Wiederholung der Realität selbst steht. Dabei wollen wir zur weiteren Vertiefung dieses Themas in einem ersten Schritt die Argumentationszüge von einigen kritischen Bemerkungen Žižeks beleuchten, die er immer wieder in vereinzelten Kommentaren der Habermas'schen Diskursethik gegenüber macht. Anschließend soll deutlich werden, inwiefern sich die beiden Philosophen besonders dort voneinander unterscheiden, wo es um Religion geht, dem für die Philosophie, wie Habermas schreibt, »sperrigsten Element der Vergangenheit«.[128]

Eine der deutlichsten ›Ausfälle‹ von Žižek gegen Habermas findet sich in *Die Tücke des Subjekts*. Žižek kommt im Zusammenhang mit einer Interpretation der Philosophie Jacques Rancières auf Habermas zu sprechen und klassifiziert die Diskursethik mit dem Begriff der »Para-Politik«.

»*Para-Politik:* der Versuch, die Politik zu entpolitisieren (sie in eine Polizeilogik zu übersetzen): Man akzeptiert den politischen Konflikt, reformuliert ihn aber zu einem Wettstreit, der innerhalb des repräsentationalen Raumes zwischen anerkannten Parteien/Akteuren um die (zeitweilige) Einnahme des Platzes der exekutiven Machtausübung stattfindet.« (TS, 259)

Žižek fährt mit dem Hinweis fort, dass eine auf formellen Verfahrensweisen beruhende Gerechtigkeitstheorie, wie Habermas sie vertritt, »die Politik aus den Antagonismen herauszuführen« versucht und mit ihrem Regelkonzept verhindert, dass der »agonale Prozess des Rechtsstreits [...] zur *eigentlichen* Politik ausufert.« (TS, 259)

Die Anmerkung macht Folgendes deutlich: Žižek sieht in der Diskursethik eine Theorie eigentlicher Entpolitisierung, und er wirft ihr vor, den »repräsentationalen Raum« der politischen Auseinandersetzung ›nur‹ fortzuschreiben, ohne ihn auf »eigentliche« Alternativen hin zu durchbrechen. Letzteres ist, wie man annehmen darf, Žižeks Anliegen, wobei in seiner an Hegel ausgerichteten Interpretation des Christentums (*The Fragile Absolute*, *On Belief*, *The Puppet and the Dwarf*) Religion für ihn ein Vehikel zur Umsetzung dieses Anliegens wird. Er strebt nach einer Form von »Eigentlichkeit« politischer Aktion, die den »repräsentationalen Raum« durchbricht und nicht (nur) ordnet.

Žižek entwickelt in diesem Zusammenhang seine Theorie vom »politischen Akt«. Diesen versteht er, wie wir gerade schon ansatzweise am Beispiel von Medea gesehen haben, als eine Form radikaler Intervention gegenüber bestehenden Sinnstrukturen. Dabei drückt er wiederholt die Meinung aus, dass die Diskursethik von Habermas zu einer solchen Intervention nicht in der Lage sei, da ihre formell definierten Diskursbedingungen (z.B. Allgemeinverständlichkeit, Reflexivität) den Inhalt des Diskurses – und damit das politische Terrain möglicher Alternativen – immer schon vorstrukturieren würden. Form und Inhalt seien nicht zwei voneinander unabhängige Bereiche.[129] Ihm zufolge verharrt Habermas' Ansatz im Vorstellungsmodell eines Subjekts, das mit anderen Subjekten in ein Verhältnis transzendentaler Versöhnung tritt. Gegen Habermas, aber auch gegen Foucault, vertritt Žižek die Meinung, dass ein solcher Ansatz die eigentliche *Logik der Subjektivierung* aus den Augen verliert, die sich gerade nicht als Versöhnung versteht. Habermas und Foucault berücksichtigen weder die traumatische Unmöglichkeit der Gesellschaft (siehe Kapitel I), noch die traumatische Unmöglichkeit der Selbst-Koinzidenz des Subjekts (siehe Kapitel II). Gegenüber Foucault behauptet Žižek, dass die angeblich von Foucault propagierte Macht der Kreativität als eine Form der Selbst-Schaffung des Subjekts auf eine Ästhetisierung der Ethik hinausläuft, die ebenso wie bei Habermas den Traum falscher Versöhnung artikuliert. Žižek schreibt: »der eigentliche politische Akt [...] ist nicht einfach etwas, was innerhalb des Rahmens der existierenden Verhältnisse gut funktioniert, sondern etwas, was gerade den Rahmen verändert, der festlegt, wie die Dinge funktionieren.« (TS, 273) Zentral ist in diesem Zusammenhang die Frage, wie mit einer »partikularen Forderung« umgegangen werden soll. Žižek behauptet, dass die »partikulare Forderung nicht einfach Teil der Verhandlung von Interessen ist.« (TS, 287) Sie zielt auf etwas ab, das als »metaphorische Verdichtung der umfassenden Restrukturierung des gesamten gesellschaftlichen Raumes zu funktionieren beginnt« (TS, 287) und einen »politischen Akt« beinhaltet, der die bestehenden Parameter verschiebt. Was dieser »politische Akt« mit Žižeks Anverwandlung des christlichen Erbes zu tun hat, wird deutlich, wenn Žižek eine solche »partikulare Forderung« am Beispiel von Paulus' Verkündigung eines christlichen Universalismus ausformuliert. Paulus' Bezug auf Christus – im Gegensatz zum geschichtlichen Jesus – steht jenseits einer Reduktion von Religion auf ethisch-soziale Regeln und Normen. Žižek interessiert die Geste mit der – im Vokabular Lacans – ein neuer »Herrensignifikant« gesetzt und gerade kein Kompromiss zwischen miteinander konkurrierenden »Herrensignifikanten« für möglich erachtet wird. Christus steht bei Paulus für nichts weniger als ein neues Realitäts-Prinzip. (Hierzu passen die Worte Wittgensteins: »Where two principles really do meet which cannot be reconciled with another, than each man declares the other a fool and an heretic.«[130] Die Worte »Narr« und »Häretiker« sind mustergültig auf Paulus anwendbar.[131] Das nicht-verhandelbare Ereignis der Bekehrung auf dem Weg nach Damaskus (Apg 9,4-9) in Kombination mit einem Grenzen-übergreifenden Universalismus verweist darauf, wie sich für Žižek ein normativer Anspruch als Bruch mit der bestehenden symbolischen Ordnung ›legitimiert‹.) Nur nach der Neugliederung dessen, was Habermas die Vorratskammer »kulturelle[r] Selbstverständlichkeiten« nennt, aus der »die Kommunikationsteilnehmer bei ihren Interpretationsanstrengungen konsentierte Deutungsmuster entnehmen«,[132] könne der normative Anspruch der »partikularen Forderung« erst verstanden werden.[133] Der ethische Akt redefiniert, was als gut angesehen wird.[134]

In Bezug auf religiöse und metaphysische Weltbilder konstatierte Habermas noch im Jahr 1992, man könne von der Religion nicht mehr und nicht weniger retten, »than the secular principles of a universalist ethic of responsibility.«[135] Dahinter verbirgt sich bei Habermas eine evolutionäre Interpretation moderner Rationalität, wobei seine Abwertung der Religion in der Überzeugung wurzelte, moderne Strukturen von Rationalität bis zur modernen kommunikativen Form hätten religiöse und metaphysische Welterklärungen indirekt abgelöst.[136] Einer seiner Haupteinwände gegenüber dem Erklärungswert religiöser Weltbilder liegt in ihrer Unfähigkeit, erste Prinzipien, mit anderen Worten: Prämissen der Glaubens- und Offenbarungs-Gewissheit, dialogisch zur Disposition zu stellen. Während die moderne kommunikative Rationalität sich Infragestellungen aussetzen muss und damit gezwungen ist, immer wieder neu allgemein nachvollziehbare Erklärungsmodelle zu entwickeln, gehen »religiöse und metaphysische Weltbilder« von ersten Prinzipien aus, die gerade nicht hinterfragbar sind und die nicht den universalen Geltungsansprüchen wie Verständlichkeit und Richtigkeit genügen. Damit werden diejenigen, die nicht ihre »Handlungen und Äußerungen vor anderen verantworten« können, als »nicht ›zurechnungsfähig‹«[137] betrachtet. Wenn religiöse Welterklärungsmodelle sich der öffentlichen, vernunftgeleiteten Diskussion gegenüber ›taub‹ stellen, so kann sich für Habermas der Verfassungsstaat mit einer »bloßen Anpassung der Religionsgemeinschaften an eine rechtlich durchgesetzte Religions- und Wissenschaftsfreiheit [nicht] zufriedengeben.«[138] Habermas verlangt mehr als nur ein passives Ausharren gegenüber dem Verfassungsstaat. Er bevorzugt, dass die Anhänger religiöser Weltbilder die Notwendigkeit des Verfassungsstaates nach Begründung seiner Normen auch *verstehen.* »Als demokratischer Rechtsstaat ist er [der liberale Staat] nämlich auf eine *in Überzeugungen* verwurzelte Legitimation angewiesen.«[139]

Gleichzeitig kritisiert Habermas an seinem frühen Werk *Die Theorie des kommunikativen Handelns*, dass er darin den Aspekt des religiösen Diskurses allzu sehr unter einem funktionalistischen Blickwinkel beurteilt und allzu schnell Religion als exklusives Medium zur Legitimität von Machtstrukturen erklärt habe.[140] Er gesteht daher in seinem Buch *Naturalismus und Religion* ein, Religion sei als Gegenpol diskursiver Vernunft unersetzbar, da sie neben ihrer Rolle als Modell der Welterklärung eine sinn- und troststiftende Bedeutung hat. In seinem Buch *Nachmetaphysisches Denken* heißt es: »Solange die religiöse Sprache inspirierende, ja unaufgebbare semantische Gehalte mit sich führt, die sich der Ausdruckskraft der philosophischen Sprache (vorerst?) entziehen und der Übersetzung in begründende Diskurse noch harren, wird Philosophie auch in ihrer nachmetaphysischen Gestalt Religion weder ersetzen noch verdrängen können.«[141]

Das in Klammern gesetzte und mit einem Fragezeichen versehene »vorerst« mag darauf hindeuten, dass Habermas die Hoffnung hegt, Philosophie möge eines Tages den Bereich der Religion abdecken. Vorerst sieht er die Aufgabe der Philosophie darin, die »semantischen Gehalte« der Religion so zu übersetzen, dass die normativen Wertansprüche und Moralvorstellungen, die der religiösen Lebenspraxis entspringen, in einem öffentlichen Diskurs artikuliert und zur Diskussion gestellt werden können.[142] Habermas' »Wende« zur Religion ist demnach keine »Kehre« im Heidegger'schen Sinne. Die Prämissen von Habermas' Diskursethik werden von ihm nie in Frage gestellt. Zu fragen ist, ob Religion in diesem Prozess auf das ethisch-Vertretbare reduziert wird und Habermas – wie Brian Shaw nahelegt – hinter Kants Religionsphilosophie zurückfällt.[143] Auffällig ist auf jeden Fall, dass Habermas keine negativen Konsequenzen dessen imaginiert, was er eine ›Versprachlichung des Sakralen‹[144] nennt, obwohl vorstellbar ist, dass sich die konkrete Glaubenspraxis aufgrund der Hermeneutik, wie sie Habermas' Diskursethik entspricht, auflöst, da diese sich zu konkreten (religiösen) Lebenswelten *destruktiv* verhält. Habermas: »Jeder in der Lebenswelt auftretende normative Geltungsanspruch muss infrage gestellt werden können, *alles* zählt als Hypothese, bevor es nicht seine Gültigkeit durch die Autorität guter Gründe wiedererlangt.«[145] Im Prozess der Rationalisierung der Lebenswelt führt die Diskursethik daher zur permanenten Hinterfragung aller konkreten Lebenswelten, nicht nur der religiös geprägten.

Habermas hält an der Grundregel der Diskursethik fest: der Allgemeinverständlichkeit, die jeder Diskursteilnehmer (und daher auch Vertreter von religiösen Welterklärungsmodellen) dem anderen schuldet. Für Žižek aber können Figuren, auf die er neben Paulus und Lenin Bezug nimmt (z.B. Antigone, Sethe, Sygne de Coûfontaine) als »intentional handelnde Subjekte«[146] für sich gerade keinen »mehr oder weniger plausiblen Grund angeben«.[147] Deshalb verkörpern sie ein Potential zum »politischen Akt«: Das Christentum befindet sich nicht auf halbem Wege zwischen heidnischem Polytheismus und »reinem« jüdischen Monotheismus, »es fügt nicht dem Einen einen weiteren Gott oder weitere Götter hinzu, sondern es dezentriert diesen einen Gott von innen, in Gestalt des ›minimalen Unterschieds‹, der Gottvater von Christus trennt.« (KO, 101) Dabei macht besonders Lacans Unterscheidung zwischen einem Subjekt des »Aussagens« und einem Subjekt »der Aussage« die Differenz zum Subjektbegriff der Transzendentalpragmatik deutlich, da sie zeigt, wie das in Sinnstrukturen eingebundene Subjekt für Žižek wesentlich durch eine innere Kluft zu sich selbst bestimmt ist. Sie ist die Bedingung dafür, dass der Mensch ein Offenbarungs-Erlebnis als ein Ereignis radikaler Alterität überhaupt erfahren und sich von diesem her aus den bestehenden Sinnstrukturen herauslösen kann.

SUJET DE L'ENONCIATION – SUJET DE L'ENONCE

Roman Jakobson unterscheidet in einem 1957 veröffentlichten Text »Shifters, verbal categories, and the Russian verb«[148]zwischen einem Prozess des Aussagens und seinem Resultat, der Aussage. Diese Unterscheidung, die Jakobson schon vor der Publikation im Jahre 1950[149] vorgetragen hatte, machte sich Lacan zu eigen, und sie ist daher auch für Žižek entscheidend. Die Unterscheidung half Lacan, seine Überlegungen hinsichtlich des Diskurses des Unbewussten und dessen Subjekt präzise zu formulieren. Seitdem trennt Lacan ein Subjekt des Aussagens (sujet de l'énonciation) von einem Subjekt der Aussage (sujet de l'énoncé). Der Jakobson'sche Begriff des »shifter« zeichnet sich dadurch aus, dass er nicht allein auf die Aussage, sondern auch auf den Prozess des Aussagens hinweist. Ein »shifter« ist ein von Kontext zu Kontext verschiebbares, variables Sprachelement, z.B. ein Personalpronomen. Das Wort »ich« etwa meint von Fall zu Fall eine andere Person. Das »Ich«, über das etwas ausgesagt werden soll, ist immer in den Prozess des Aussagens, in die Syntax und die Bewegung des Sprechens einbezogen. Das »Ich« der Aussage ist also etwas anderes als das »ich« des Aussagens. Lacan zeigt dies an einer so genannten logischen Paradoxie, an der Aussage »ich lüge«. Er meint dazu: »Es ist vollkommen falsch, auf dieses *ich lüge* zu antworten, dass einer, der sagt: *ich lüge,* die Wahrheit sagt und also nicht lügt, und so fort. Es ist vollkommen klar, dass dem *ich lüge*, ungeachtet seiner Paradoxie, volle Geltung zukommt. [...] Von da aus, vom Punkt, wo ich aussage, habe ich durchaus die Möglichkeit, gültig zu formulieren, dass das *ich* – das *ich*, das in diesem Augenblick die Aussage formuliert, zu lügen im Begriffe ist, dass es grad eben gelogen hat, dass es nachher lügt, oder gar, dass es, indem es sagt: *ich lüge*, seine Absicht, zu täuschen, erklärt.«[150] Dieses »ich lüge« steht der Täuschung offen, dass der Mensch in der Lage ist, *vorzutäuschen, dass er vortäuscht.*[151] Der, welcher spricht, ist den Konventionen des Sprechens, die in diesem Fall eine Lüge von ihm erwarten, nicht mehr unterworfen. Er ist ein anderer als der, von dem er spricht: das Subjekt der Aussage ist von dem des Aussagens abgespalten.

Lacan schreibt, »[C]e que l'inconscient ramène à notre examen, c'est la loi par quoi l'énonciation ne se réduira jamais à l'énoncé d'aucun discours.«[152] Ohne diesen Bruch zwischen Subjekt des Aussagens und dem Subjekt der Aussage, wäre der Mensch nur ein Zeichen verarbeitendes Tier in einem in sich abgeschlossenen Kosmos. Es gibt ein »Jenseits« des Ego, wie Lacan sagt, ein Subjekt, das spricht – in unseren Träumen, Witzen, Fehlleistungen, Symptomen etc. –, das uns aber unbekannt ist und in dem sich der »große Andere« (A) in uns zu Wort meldet.

Habermas sieht in seiner Integration der Philosophie G. H. Meads in die Diskursethik die Überwindung eines sich in monadischer Abgeschiedenheit verstehenden Subjekts, das für ihn selbst noch in Heideggers Begriff individueller, dem »man« entgegenstehender, »Eigentlichkeit« nachklingt. Darüber hinaus gehen Habermas' Prämissen davon aus, dass das Subjekt der Diskursethik »meint«, was es sagt und nicht nur meint, um vorzutäuschen, dass es meine. Er betont die von einem Geltungsanspruch nicht ablösbare Notwendigkeit, »dass die manifestierte Sprecherintention so gemeint ist, wie sie geäußert wurde.«[153] Eine strategische Täuschung, die das Subjekt anwendet oder die man ihm (fälschlicherweise) zuspricht, ist für Habermas ein Missbrauch der Diskurssituation, der den Prämissen der Diskursethik zuwiderläuft. Damit ist nicht gesagt, dass Habermas nicht auch eingesteht, dass der Raum zum kommunikativen Austausch einer demokratischen Gesellschaft nicht frei von Konflikten oder strategischen Manipulationen, Verzerrungen durch Medien und andere Quellen von Einflussnahmen ist. Dennoch glaubt er, dass dieser Bereich *primär* ein Bereich der Klärung von Wahrheitsansprüchen von Subjekten ist, die sich im Kampf um das bessere Argument bewähren müssen. Bei Žižek ist der öffentliche Raum *primär* ein Raum des Miss- und Fehlverstehens und erst sekundär ein Raum von Verständigung. Das Subjekt entwickelt nicht eine Identität durch kompromissverursachte Tilgung der rätselhaften Andersartigkeit von Mitmenschen und seiner selbst, sondern durch das wiederholte Einbrechen der Unauflösbarkeit im Bereich des »großen Anderen«. Wir mögen die Meinung A aufgrund unserer Überzeugung von B in einem Dialog vorbringen. Und unser Dialogpartner mag dies ebenso tun. Die traditionelle Psychoanalyse behauptet aber, dass es unabhängig von unserer Überzeugung von B (oder der unseres Dialogpartners) noch andere Gründe / Überzeugungen für A gibt: nämlich C, D, E, F… Und dennoch bleibt dieses Modell immer noch in einem Paradigma, das glaubt, dass es für A zwischen C und F einen Grund geben müsste, eine direkte Zuordnung möglich zu machen. Žižek aber beharrt auf einer Unmöglichkeit der Zuordnung. Sprache als Eintritt und Schwelle in die symbolische Ordnung markiert den Punkt einer Entfremdung, die belebt.

REGULATIVES IDEAL UND KONSTITUTIVES MISSVERSTEHEN

Kommunikation ist daher für Žižek – im Gegensatz zu Habermas – in erster Linie ein enigmatisches Verfahren, das von frühester Kindheit an verzaubert wird: d.h. es wird mit Botschaften aufgeladen, zu denen auch das von Žižek in Anlehnung an Alain Badiou interpretierte »Messiasereignis« des Paulus gerechnet wird. Die interne Alterität des Menschen zu sich selbst (die sich als eine Form von Schizophrenie in der Differenz zwischen *sujet de l'énoncé* und *sujet de l'énonciation* andeutet) ist so etwas wie der Umkehrpunkt, von dem aus der Mensch in eine neue symbolische Ordnung treten kann. Die Differenz zwischen *sujet de l'énoncé* und *sujet de l'énonciation* ist eine transzendentale Notwendigkeit für die Offenbarungs-Annahmefähigkeit des Menschen überhaupt. Die innere Kluft des Subjekts ist Bedingung, durch eine von Außen oder von Innen auf das Subjekt einwirkende Alterität neu bestimmt werden zu können. Während das Subjekt für Habermas so etwas wie eine Schnittstelle diskursiver Auseinandersetzung ist, wobei dieses Subjekt durch eine Lebenswelt bestimmt ist und – wie bereits erwähnt – als Schnittstelle diskursiver Handlungen eingebunden in diskursethische Grundbedingungen, so gleicht das Subjekt bei Žižek eher einer negativen, nicht-substantiellen Geste, die ihre Konturen durch die Kulissen der symbolischen Ordnung der / des Anderen erfährt. Der »große Andere« / die symbolische Ordnung ist – so könnte man sagen – für Žižek so etwas wie die obszöne Unterseite der idealen Kommunikationsgemeinschaft. Das Habermas'sche Subjekt erfährt seine Identität in einer immer schon dialogisch und kommunikativ geprägten Lebenswelt, in die es hineinwächst und dabei ontogenetisch kognitive Fähigkeiten zur dialogischen Partizipation erlernt. Die Lebenswelt ist dabei ein »Kontext« und Bereich argumentativer »Ressourcen«.[154] Dem entgegen hängt bei Žižek die innerliche Entfremdung zum Teil zusammen mit dem enigmatischen Charakter des »parentel other« (Jean Laplanche),[155] zum Teil mit dem »›big Other‹ of a complex bureaucratic entity, the law and its various visible and invisible institutions and agent«,[156] die »kulturelle Selbstverständlichkeiten« immer schon manipuliert haben. Das heißt, dass eine

Verständigung des Subjekts mit anderen wesentlich (und nicht nur akzidentiell) durch ein nicht zu vernachlässigendes Moment des Missverstehens bestimmt ist, das das Mandat des Subjekts in einer Weise betrifft, dass es nie ganz sicher sein kann, was der Andere z.B. die Diskursgemeinschaft eigentlich von ihm will. »Das Subjekt sagt immer etwas mehr oder etwas weniger als das, was es ›sagen wollte‹, und in diesem Zusatz wird die ihm selbst verborgene Wahrheit über es ausgesprochen.« (L!, 32) In seinem Buch *Die Pest der Phantasmen* macht Žižek seine Kritik an Habermas noch deutlicher, indem er auf Lacans Begriff des »Objekts« näher eingeht. Für den späten Lacan ist das Objekt das, was ›im Subjekt mehr als das Subjekt ist‹, dasjenige, wie Žižek schreibt, »von dem ich phantasiere, dass es der Andere (von mir fasziniert) in mir sieht.« (PP, 24) Habermas, so Žižeks Kritik, habe aber eigentlich keinen Begriff für das Lacan'sche ›Objekt‹. »Habermas insistiert auf der arteigenen Differenz zwischen dem Subjekt-Objekt-Verhältnis und der Intersubjektivität: in der letzteren ist das andere Subjekt genau *nicht* eines der Objekte in meinem Erfahrungsfeld, sondern Partner in einem Dialog, mit dessen Interaktion sich, in einer konkreten Lebenswelt, der irreduzible Hintergrund meiner Erfahrung von Realität formiert.« (PP, 24) Dem entgegen spricht Žižek von einer Stufe *vor* der Kommunikation, sprich: er betont den Moment, wo der Andere ein fremdes Objekt ist. Žižek weiter: »Was dabei [...] unterschlagen bleibt, ist einfach und präzise die Überschneidung dieser zwei Relationen, das heißt die Ebene, auf welcher ein anderes Subjekt noch nicht der Partner in intersubjektiver symbolischer Kommunikation und / oder Interaktion ist, aber ein Objekt, ein Ding, übriglässt, das einen ›Nächsten‹ innerhalb einer schäbigen widerwärtigen Präsenz herstellt« (PP, 24-25).[137]

Interpretieren wir Paulus' »Messiasereignis« als eine, wie Boothby es nennt, »eruption of something uncalled for«, als eine Begegnung mit dem »Ding«, wird deutlich, dass es für Žižek keinen ›Link‹ zwischen Saulus und Paulus gibt: sprich keine diskursiv und allgemeinverständliche Argumentationskette zwischen diesen beiden Identitäten herstellbar ist. Die Diskursethik von Habermas hat kein begriffliches Instrumentarium, um eine solche »eruption of something uncalled for« (Boothby) in die Transzendentalpragmatik integrieren zu können. Schon in seinem frühen Text zu Freud in *Wahrheit und Interesse*, zeigt Habermas, dass er sich von der Freud'schen und Lacan'schen Anthropologie fernhält.[158] Žižek sieht letztlich in der »Weltunterstellung«, die Habermas von Kant übernimmt und mit dem Instrumentarium seiner Philosophie verfeinert, das »Reale« (Lacan) vernachlässigt und beharrt darauf, dass »[d]as Subjekt [...] *per definitionem* die Effekte seiner Rede nicht beherrschen [kann]« (SW, 17), weder im Bereich des großen Anderen, noch für sich selbst. Lacans Erkenntnisse des psychoanalytischen Diskurses, der nichts mit diskursethischen Strategien / Verfahren zu tun hat, beruht darauf, dass »zwei Ebenen«, die Ebene des sprechenden Subjekts und die Ebene der Bedeutung, die seine Worte im Feld des großen Anderen annehmen, »niemals völlig kohärieren: die sie trennende Kluft ist konstitutiv.« (SW, 16-17) Habermas' Konzeption einer »Weltunterstellung als Bezugnahme auf alles, wovon Tatsachen festgestellt werden können«[159] und diese somit für die Allgemeinheit gültig macht, vernachlässigt nach Žižek den kleinen ›Riss‹ im Welthorizont, der in die Weltunterstellung notwendig hineingeschrieben ist, eben *weil er diese erst konstituiert*. Und es ist gerade ein solcher Riss, durch den eine »eruption of something uncalled for« – damit aber auch, was Žižek den *Akt* nennt – einbrechen und eine, den Bereich des Politischen von Grund auf neuorganisierende Wahrheit hervortreten lassen kann. Bildlich gesprochen ist für Žižek hinter jedem Gegenstand, mit dem wir in der Haltung eines »totalisierenden Vorgriff[s] auf das Ganze der Gegenstände möglicher Erfahrungen«[160] umgehen, immer schon das verborgene Moment eines anamorphischen Totenschädels eingeprägt. Die Vorstellung einer idealen Kommunikationsgemeinschaft hat keinen Raum für einen solchen Einbruch des Fremden, da sie mit dem regulativen Ideal einer zwangfreien und (selbst vom Unbewussten) ungestörten Kommunikationsgemeinschaft sich am Glauben letztlich immer ordnungs*möglicher* Kommunikation ausrichtet. Es ist anzunehmen, dass die ideale Kommunikationsgemeinschaft für Žižek dabei einem Ort gleicht, in dem statt mit Begehrensstrukturen ausgestattete Menschen vielmehr bewusstseinslose Wesen in einer Art von »l'apparole« (Miller)[161] miteinander reden. Das heißt, dass sie in einer Sprache kommunizieren, die nicht mehr als Mittel der Kommunikation irgendeiner Bedeutung fungiert und die, gereinigt von jeder Form von Zwang, Begehren, Trieb, unbewussten Neigungen, »keinerlei Intersubjektivität [beinhalte], nicht einmal im Sinne eines leeren großen Anderen, der anwesend ist, wenn wir einen ›inneren Monolog‹ führen.« (TS, 410) Das fröhliche Gebrabbel von *l'apparole* wäre »asexuell«, frei von Begehren und für Žižek das Gegenteil funktionierender Argumentation. »[A]ls solches involviert es keinerlei Erfahrung des Realen als Unmögliches, das heißt irgendeiner traumatischen inhärenten Grenze.« (TS, 411) Gerade eine solche traumatische inhärente Grenze ist für Žižek identitätskonstituierend. Für ihn sind Hindernisse zu einer idealen Kommunikationsgemeinschaft nicht akzidentieller, sondern ontologischer Natur. Identität, die sich – wie Žižek schreibt – über dem »Abgrund der Freiheit« (TS, 400) entwickelt, ist abhängig von einem

›Kampf mit dem Negativen‹, vom Sich-Abarbeiten an einer harten, nicht kognitiv und dialogisch subsumierbaren Schale der Außenwelt. Konsens ist nicht durch eine Befriedung des »symbolischen Feldes« möglich, sondern vielmehr durch seine Störung, d.h. durch Ausschluss anderer am deliberativen Prozess beteiligter Meinungen.

Fassen wir das bisher Gesagte noch einmal zusammen: Žižek und Habermas betrachten von zwei diametral entgegenstehenden Perspektiven aus das religiöse Erbe abendländischer Kultur. Habermas' Bemühen ist dabei besonders seit den 90er Jahren (*Nachmetaphysisches Denken*, *Zwischen Naturalismus und Religion*) im Zusammenhang seines Zugehens auf das Thema der Religion darauf ausgerichtet, einen radikalen, anarchistischen »politischen Akt« philosophie-politisch unmöglich zu machen. In diesem Sinne ist es verständlich, wenn er die Integration religiöser Welterklärungsmodelle erst nach einer kognitiven Filterung durch die Diskursgemeinschaft akzeptiert und auch die Gläubigen dazu auffordert, die Prämissen der Diskursethik nicht nur zu erdulden, sondern auch aus innerlicher Überzeugung – notfalls auch gegen die Dogmen ihrer Religion – mitzutragen. Habermas' philosophisches Werk ist dabei nicht ablösbar von der deutschen Geschichte des 20. Jahrhunderts und den Erfahrungen mit dem Totalitarismus nationalsozialistischer oder stalinistischer Provenienz. Dies betrifft nicht nur seine Kritik gegenüber strukturalistischer Philosophie, sondern auch seine eigene Distanzierung zur Vernunftkritik Adornos. Nur wenn die semantischen Gehalte der Religion sich einer diskursethischen Infragestellung aussetzen, können sie in den Diskursbereich der säkularen nachmetaphysischen Gesellschaft aufgenommen werden. Dabei tritt Habermas, wie wir gesehen haben, für die Verabschiedung eines in seiner Innerlichkeit befangenen religiösen Subjekts ein und es liegt nahe, dass er genau dieses Subjekt in Žižeks »Theorie des politischen Akts« wieder auferstehen sieht. Die kommunikative Vernunft ist für Habermas gerade deswegen *nach*metaphysisch, weil sie nicht mehr im klassischen Subjektbegriff abendländischer Philosophie verankert ist, sondern sich als eine intersubjektive, versöhnende Kraft versteht. Wie Habermas in seinen Werken *Theorie des kommunikativen Handelns* und *Der philosophische Diskurs der Moderne* darlegt, beruht gerade die »kognitive Entwicklung« und der Lernprozess sozialer Interaktion in einer »Dezentrierung eines egozentrisch geprägten Weltbildes«[162], wobei sowohl die Erfahrung religiöser Meditation und Innerlichkeit wie Heideggers Begriff der »Eigentlichkeit« unter das Kriterium einer von ihm kritisierten Egozentrik fallen.[163] Sie betrifft Žižeks Theorie vom politischen Akt im Kern. Das Verdienst seiner Diskursethik sieht Habermas darin, dass er in der Tradition von E. Durkheim und G. H. Mead mit dem Verständnis eines atomistischen Begriffs der Person bricht.[164] Daher kann Habermas eine politische Philosophie wie diejenige Žižeks nur als irrational und gefährlich empfinden, im besten Falle als anarchistisch, wenn diese das ›katastrophische Potential‹ des Subjekts in den Mittelpunkt der Theorie vom politischen Akt stellt.[165]

Gleichzeitig muss jedoch beachtet werden, dass Žižek das »katastrophische Potential« des Subjekts (Beispiel Paulus) nicht als eine innerliche Wahrheit versteht, die ähnlich einer Präsenz oder Substanz im Subjekt anwesend wäre. Er sieht in der Geste eines politischen Aktes etwas entstehen, das weder wie ein verborgener Schatz in der Innerlichkeit des Subjekts liegt, noch in den Sinnstrukturen bestehender Ordnung *potentiell* anwesend wäre. Wenn Paulus den Messias verkündigt und damit eine Revolution gegen die bestehende symbolische Ordnung von Judentum und Hellenentum anführt, so ist das für Žižek keine Veräußerlichung eines innerlichen Ereignisses, sondern ein Ereignis, das in seiner »Wahrheit« sich *après coup* offenbart.

Žižeks Theorie des politischen Aktes will in einem gewissen Sinne Mut machen zu einer Erweiterung politischer Alternativen hin in einen Bereich, den wir noch nicht berechnen können, der uns aber, sobald wir ihn betreten haben werden, kognitiv zugänglich sein wird und uns eine ganz ›neue Welt‹ erfahren lässt.

Anmerkungen

[1] Zitiert nach: Élisabeth Roudinesco, *Jacques Lacan. Bericht über ein Leben*, Köln: Kiepenheuer und Witsch 1996, S. 453.

[2] Laclau / Mouffe, »Post-Marxism without Apologies«, in: *New Left Review*, Nr. 166 (1987), S. 79-106.

[3] Mouffe: »[The political] cannot be restricted to a certain type of institution, or envisaged as constituting a specific sphere of level of society. It must be conceived as a dimension that is inherent to every human society and that determines our ontological condition.« Chantal Mouffe, *The Return of the Political*, New York / London: Verso 1993, S. 3.

[4] Ernesto Laclau, Chantal Mouffe: *Hegemony and Socialist Strategy. Towards a Radical Democratic Politics*, London / New York: Verso 1985, S. 112, Hervorhebung D.F.

[5] Es sei hier angemerkt, dass Laclaus These des »empty signifier« eine grosse Diskussion im Bereich der politischen Philosophie ausgelöst hat. Was sie im Kern betrifft ist gerade die Frage, *wie leer* der »empty signifier« sein darf. Rodolphe Gasché und Judith Butler setzen sich mit Laclau auseinander. Siehe deren Beiträge in: Simon Critchley (Hg.), *Laclau: A Critical Reader*, New York / London: Routledge 2004.

[6] Laclau, »Why Empty Signifiers Matter to Politics«, in: Ders., *Emancipation(s)*, New York / London: Verso 2007, S. 41, Hervorhebung D.F. Im selben Abschnitt heißt es: »The meaning (the signified) of all concrete struggles appears, right from the beginning, internally divided. The concrete aim of the struggle is not only that aim in its concreteness; it also signifies opposition to the system. The first signified establishes the differential character of that demand or mobilization *vis-à-vis* all other demands or mobilizations. The second signified establishes the equivalence of all these demands in their common opposition to the system.« Ebenda, S. 41.

[7] Der Akt ist nie wirklich. Er ist immer im Interregnum von Virtualität und Möglichkeit.

[8] »The starting point of the dialectical process is not the plenitude of a self-sufficient substance, identical with itself, but the absolute contradiction: *the pure difference is always-already the impossible ›predicate‹ of identity-with-itself*, or, to put it in Lacanian

terms, the identity of a signifier's mark (S) always-already represents the subject ($). This absolute contradiction is ›resolved‹ by way of excluding from the substantial set an element charged with representing the void, the lack of determination that pertains to a tautology; by way of excluding from a series of signifier's marks ›at least One‹ which thereby remarks the void of their space of inscription. *The subject is this void, this lack in the series of the predicates of the universal Substance:* it is the 'nothing' implied in the Substance's tautological self-relationship.« (TK, 48).

[9] »[...] there is a gap between symbolic authority and those ›effective‹ capacities which alone hold open the non-totalitarian space.« (IR, 130) »When knowledge itself assumes the moment of ›authority‹ (i.e. summons, command, imperative), a short-circuit between the ›neutral‹ field of knowledge and the ›performative‹ dimension is produced.« (IR, 127-129) Der Herrensignifikant setzt und geht sich immer selbst voraus. »Ist man einmal *innerhalb* eines Bedeutungsfeldes, ist es per definitionem unmöglich, eine äußerliche Haltung ihm gegenüber einzunehmen. – Es gibt keinen kontinuierlichen Übergang von seinem Außen zu seinem Innen... Die Ideologie hat kein Außen... – Der verborgene Chiasmus dieses Circulus Vitiosus tritt in seiner Reinform in der Maske der Tautologie auf: ›Gesetz ist Gesetz‹, ›Gott ist Gott‹.« (SW, 216)

[10] Oliver C. Speck, »What Do You Really Want From Žižek?«, in; *Film-Philosophy*, Vol. 2, Nr. 28, September 1998. Zugänglich auf der Homepage: ‹http://www.film-philosophy.com/vol2-1998/n28speck›.

[11] In diesem Kontext kommt Žižek auf den Begriff der Parallaxe zu sprechen. Parallaxe steht für einen konstanten Wechsel der Perspektive zwischen zwei Punkten, zwischen denen keine Synthese oder Vermittlung möglich ist. Im Gegensatz zu einer in der Alltagskultur mit der New-Age-Bewegung verbundenen Sehnsucht nach der richtigen Symbiose zwischen binären Positionen, Blickwinkeln oder Meinungen (man denke an die Rede von ›Ganzheitlichkeit‹, Yin-Yang Esoterik, einen ›sozialen Kapitalismus‹) unterstreicht Žižek die nicht-lösbare Spannung, den irreduziblen Abgrund, der sich bei dem Wechsel von der einen Perspektive zur anderen öffnet. In diesem Sinne gibt Žižek folgende Standarddefinition: »as the apparent displacement of an object (the shift of its position against a background), caused by a change in observational position that provides a new line of sight.« (PV, 15) In

Žižeks Konzept der Parallaxe müssen wir das Motiv polaritärer Oppositionen nicht im dialektischen Klischee als »die beiden Seiten derselben Medaille« verstehen, sondern sie als eine minimale Lücke zwischen einem Element und sich selbst erkennen. Der parallaktische Blick ist nach dem bisher Gesagten kein Blick im Sinne eines ›natürlichen‹ Blickes. Er zirkuliert um das, was Žižek »the gap« nennt.

[12] Immanuel Kant, *Kritik der Urteilskraft*, Hamburg: Felix Meiner Verlag, 1990, B 105/106.

[13] Hartmut Böhme, »Das Steinerne. Anmerkungen zur Theorie des Erhabenen aus dem Blick des *Menschenfremdesten*«, in: Christine Pries (Hg.), *Das Erhabene. Zwischen Grenzerfahrung und Größenwahn*, Weinheim 1989, S. 160-192.

[14] Jacques Lacan, *Subversion des Subjekts und Dialektik des Begehrens im Freud'schen Unbewussten*, in: Ders., *Schriften II*, Berlin: Quadriga 1991, S. 165-204, hier: S. 188f.

[15] Genau hier setzt ein, was nach jüdisch-christlichem Verständnis Offenbarung genannt wird. Dem Menschen, der nicht selbst herauskommt, kommt Gott entgegen.

[16] Politik wird unter dieser Perspektive zum Kampf um den Zugriff auf die Leerstelle. Politische Gruppierungen versuchen, jeweils ihre Inhalte in die Leerstelle des politischen Feldes zu füllen, um von dort das politische Feld zu steppen. Siehe auch Laclau : »Why do Empty Signifiers Matter to Politics?«, in: Ders., *Emancipation(s)*, New York/London: Verso 2007, S. 36-46.

[17] Laclau, »The Time is Out of Joint«, in: Ders., *Emancipation(s)*, New York/London: Verso 2007, S. 69.

[18] Ernesto Laclau / Chantal Mouffe: *Hegemony and Socialist Strategy*, New York/London: Verso 1985.

[19] Lacans Begriff des Realen steht dabei in einer Relationsbeziehung zum Begriff des Imaginären und des Symbolischen. Der Begriff des Imaginären wird in Lacans Theorie assoziiert mit Identifikation, Fixierung, Narzissmus und einer geschlossenen dyadischen Beziehung. Der Bereich des Symbolischen wird assoziiert mit Sprache, Gesetzen der Kultur, Differentialisierung und pluralistischen Beziehungen. Das Reale dagegen ist dasjenige, was sich der vollen Symbolisierung widersetzt. Es berührt sowohl den Bereich der Triebe wie den persönlicher Erfahrungen, die nicht in ein persönliches, die Identität des Menschen stärkendes Symbolisierungssystem integriert werden konnten. (Traumatische oder

mystische Erfahrungen gehören dazu.) Für Lacan ereignet sich Erfahrung im Zusammenspiel dieser drei Register, wobei selbst die Begegnung mit dem »Realen« erfahrungsprägende Auswirkungen hat trotz der Unmöglichkeit der Symbolisierung.

[20] Louis Sass, »Lacan and 9/11«, in: *Raritan Review*, (Sommer, 2003) Vol. 23, Nr. 1, S. 162-168.

[21] Der Begriff der Re-Markierung bzw. Re-Marke leitet sich aus den französischen Wörtern *remarquer* und *marquer* ab. Ersteres kann als »bemerken« oder »gewahr werden« übersetzt werden, *marquer* mit »bezeichnen.« *Re-marquer* wäre demnach als »neu zu Bestimmendes « zu übersetzen oder kürzer: als »Neu-Bestimmung« bzw. »Um-Bestimmung.«

[22] Helmuth Lethen hat die *Verhaltenslehre der Kälte* als die mentale Verfassung der Weimarer Republik in seiner Interpretation von philosophischen und literarischen Texten der 20'er und 30'er Jahre aufgewiesen. Siehe Helmuth Lethen, *Verhaltenslehren der Kälte. Lebensversuche zwischen den Kriegen*, Frankfurt a.M.: Suhrkamp 1994.

[23] Louis Althusser, »Idéologie et appareils idéologiques d'Etat«, in: Ders., *Positions*, Paris: Editions sociale 1979, S. 114-120.

[24] Robert Pfaller, »Negation and its Reliabilities: An Empty Subject for Ideology?«, veröffentlicht im Internet auf der Homepage von: *The Symptom*, Issue 4, Spring 2003.

[25] Vgl. Karl Marx, *Das Kapital* – Bd. 1, in: Karl Marx, Friedrich Engels, *Werke*, Bd. 23, Berlin (DDR) 1972, S. 86.

[26] Slavoj Žižek, »With or Without Passion. What's Wrong with Fundamentalism?« Im Internet: http://www.lacan.com/zizpassion.htm.

[27] Lacan spricht vom »discours de l'Autre«, in: Jacques Lacan, *Écrits*, Paris: Seuil 1966, S. 16.

[28] Žižek schreibt: »[We can imagine] a judge who is a miserable and corrupted person, but the moment they put on their robe and other insignia, their words are the words of Law itself. It's the same with paternal authority: a real father exerts authority only insofar as he posits himself as the embodiment of a transcendent symbolic agency, insofar as he accepts that it is not himself, but the big Other who speaks through him, in his words.« (IR, 262-3) Siehe Rebecca Kuklas Kommentar zu Žižeks Buch: Interrogating the Real. Er ist veröffentlicht auf der Notre Dame University Homepage: Philosophical Review.

[29] Walter Benjamin / Gershom Scholem, *Briefwechsel*, Frankfurt a.M.: Suhrkamp 1980, S. 272.

[30] In Anlehnung an: Andreas Cremonini, *Die Durchquerung des Cogito. Lacan contra Sartre*, München: Wilhelm Fink 2003, S. 147, Fußnote 140.

[31] Bernard Baas, *Das reine Begehren*, Wien: Turia + Kant 1995, S. 47.

[32] Vgl. Yan Stavrakakis, *Lacan and the Political*, London/New York: Routledge 1999, S. 42.

[33] Am Ende von Lacans Weg der Adaptation des Freud'schen Begriffs des Dinges, der hier nur angerissen werden kann, liegt dieses ›Ding‹ jenseits der Signifikanten, und jeder Versuch, diesem Ding einen konkreten Inhalt zu geben, heißt schon ins Spiel der Signifikanten einzutreten und es mit einem konkreten Objekt zu verwechseln. »The Thing is nothing but its own lack, the elusive spectre of the lost primordial object of desire engendered by the symbolic Law/Prohibition and l'objet petit a [...] mediates between the a priori void of the impossible Thing and the empirical objects that give us (dis)pleasure« (OB, 97). Das Ding ist auch nicht, wie man annehmen könnte, das ursprüngliche Signifikat. Das Ding ist unter anderem das inzestuöse Objekt des Begehrens, das man kontinuierlich versucht wieder einzufangen. Es ist ein Mangel, auf dem das Begehren des Menschen beruht. Als Effekt der Nachträglichkeit ist es in die Subjekt-Konstitution eingebunden. Das Ding ist der Artikulationsort des ›Gesetzes des Begehrens‹, wobei es – worauf Bernard Baas hinweist – aus struktureller Sicht den Platz dessen besetzt, was Kant als »das absolut Unbedingte« (Gott) versteht. Es ist eine aus der Perspektive der Kritik der reinen Vernunft zwar ebenso wenig dem Erkenntnisvermögen zugängige, aber nichtdestotrotz als Idee der Regulierung dem Denken anzunehmende Größe. (Bernard Baas, *Das reine Begehren,* Wien: Turia + Kant 1995, S. 49) Nicht einmal der Sprache gelingt es, das prä-symbolische mythische (ungebarrte) Subjekt, das Subjekt vor dem Verlust der *jouissance*, einzufangen, dessen intimstes Teil, das Ding, als etwas Verlorenes erfahren und das als solches schließlich begehrt wird. *Jouissance* entsteht aus diesem Begehren nach einem ursprünglichen verlorenen Genuß.

[34] Jodi Dean, *Žižek's Politics*, London/New York: Routledge 2006, S. xvi.

[35] Sigmund Freud, *Totem und Tabu,* in: Ders. *Studienausgabe.* Bd. IX, Fragen der Gesellschaft. Ursprünge der Religion, Frankfurt a.M.: Suhrkamp 1982, S. 426.
[36] Joan Copjec, *Lies mein Begehren. Lacan gegen die Historisten,* P. Kirchheim Verlag 2004, S. 184.
[37] Sigmund Freud, *Totem und Tabu,* in: Ders. *Studienausgabe.* Bd. IX, Fragen der Gesellschaft. Ursprünge der Religion, Frankfurt a.M.: Suhrkamp 1982, S. 439.
[38] Mit Lacan gesprochen ist *jouissance* gleichzeitig eine Version von *objet petit a*, das die Söhne mit ihrer Austrocknung der Position des Vaters als obersten Genießer vertreiben wollen, denn »objet petit a« ist – wie Joan Copjec schreibt – nicht nur der Exzess im Genießen des Anderen, sondern immer auch »der Exzess im Subjekt« selbst, der Exzess, »der das Subjekt dazu bringt, exzentrisch zu sich selbst oder anders als es selbst zu sein.« Vgl.: Joan Copjec, *Lies mein Begehren. Lacan gegen die Historisten,* P. Kirchheim Verlag 2004, S. 184.
[39] »Since it is not possible to impose equal jouissance, what is imposed instead to be equally shared is *prohibition.* Today, in our allegedly permissive society, however, this ascetism assumes the form of its opposite, a *generalized* superego injunction, the command ›Enjoy!‹ [...] The outcome is that our enjoyment is more hindered than ever.« (V, 76)
[40] Bruce Fink, »Knowledge and Jouissance«, in: Bruce Fink / Suzanne Barnard, *Reading Seminar XX: Lacan's Major Work on Love, Knowledge, and Feminine Sexuality*, New York: State University of New York Press 2002, S. 35.
[41] Sigmund Freud, *Das Ich und das Es*, in: Ders. *Studienausgabe*, Bd. III, Psychologie des Unbewußten, Frankfurt a.M.: Fischer Taschenbuch 1982, S. 273- 330, hier: S. 302.
[42] Ebenda, S. 302.
[43]Ebenda, S. 302-3. Freud widmet sich im dritten Teil von *Das Ich und das Es* dem Verhältnis individualgeschichtlicher Ontogenese und artgeschichtlicher Phylogenese. Er stellt die These auf, dass Erbschaft sich besonders auf der Ebene des Es abspielt. Das Es beherbergt »in sich die Reste ungezählt vieler Ich-Existenzen, und wenn das Ich sein Über-Ich aus dem Es schöpft, bringt es vielleicht nur ältere Ichgestaltungen wieder zum Vorschein, schafft ihnen eine Auferstehung.« (Ebenda, S. 305)
[44] Ebenda, S. 299.

[45] Sigmund Freud, *Totem und Tabu*, Ders. *Studienausgabe.* Bd. IX, Fragen der Gesellschaft. Ursprünge der Religion, Frankfurt a.M.: Suhrkamp 1982, S. 427.

[46] Ebenda, S. 426.

[47] Ebenda, S. 428.

[48] Sigmund Freud, *Das Ich und das Es*, in: Ders. *Studienausgabe*, Bd. III, Psychologie des Unbewußten, Frankfurt a.M.: Fischer Taschenbuch 1982, S. 318.

[49] Ebenda, S. 320.

[50] Jacques Lacan, »Fonctions de la psychanalyse en criminologie«, in: Ders., *Écrits*, Paris : Seuils 1966, S. 130.

[51] Slavoj Žižek, »Concesso non Dato«, in: Geoff Boucher, Jason Glynos (Hg.) *Traversing The Fantasy: Critical Responses To Slavoj Žižek*; Burlington: Ashgate Publishing 2006, S. 219-257, hier S. 228.

[52] Žižek schreibt: »Lacan designated capitalism as the reign of the *discourse of the hysteric*: this vicious circle of a desire, whose apparent satisfaction only widens the gap of its dissatisfaction, is what defines hysteria.« (TN, 209)

[53] Lacan, »[N]ous désignons dans le *moi* ce noyau donné à la conscience, mais opaque à la réflexion, marqué de toutes les ambiguités qui, de la complaisance à la mauvaise foi, structurent dans le sujet humain le vécu passionnel; ce ›je‹ qui [...] oppose son irréducible inertie de prétentions et de méconnaissance à la problématique concrète de la réalisation du sujet.« (Lacan, *Écrits*, Paris : Seuil 1966, S.109.)

[54] Boothby: »The imaginary mobilizes and informs the primitive drives, but does so only by refusing and excluding some portion of the energies animating the body.« (Richard Boothby, *Death and Desire, Psychoanalytic Theory in Lacan's Return to Freud*, London/New York: Routledge 1991, S. 65.) Die imaginäre Gestalt des *egos* absorbiert nur ein limitiertes Maß einer sich durch den Trieb gespeisten Konstitution und Entfaltung des Subjekts.

[55] Fredric Jameson, »Postmodernism and Consumer Society«, in: Hal Forster (Hg.), *The Anti-Aesthetic: Essays on Postmodern Culture*, Washington: Bay Press 1983, S. 111-125, hier: S. 119.

[56] Ebenda, S. 119.

[57] Ebenda, S. 119.

[58] Giuliana Bruno, »Ramble-City: Postmodernism and Blade Runner«, in : *October*, Nr. 41 (1987), S. 61-74, hier S. 70.

[59] Fredric Jameson, »Postmodernism and Consumer Society«, in: Hal Forster (Hg.), *The Anti-Aesthetic: Essays on Postmodern Culture*, Washington: Bay Press 1983, S. 120.

[60] Der Replikant Pris zitiert in einem Dialog mit dem Gentechniker J.F. Sebastian die cartesischen *Meditationes*.

[61] »It is here that we again encounter the Lacanian distinction between the subject of enunciation and the subject of the enunciated: everything that I positively am, every enunciated content I can point at and say ›that's *me*‹, is not ›I‹; I am only the void that remains, the empty distance toward every content.« (TN, 40)

[62] Jacques Lacan, *Das Seminar, Buch III (Die Psychosen)*, Berlin: Quadriga 1997, S. 19.

[63] Mladen Dolar, »The Cogito as the Subject of the Unconscious«, in: Slavoj Žižek, *The Cogito and the Unconscious* (Sic 2), Durham: Duke University Press 1998, S. 11-41, hier: S. 11. Man muss gegen diese Interpretation einwenden, dass Descartes an keiner Stelle sagt, dass das cogito *im* Gedanken sei. Descartes schlussfolgert: Wenn ich denke, dann muss ich auch existieren.

[64] Wie Bruce Fink in einer Analogie ausdrückt, haben wir es hier mit einer Lacan'schen Version von Heisenbergs »Unsicherheitsprinzip« zu tun, das darauf hindeutet, inwiefern auf der Quanten-Ebene die Position (Existenz) und das Momentum (Aktion) eines Teilchens zwar existieren, dies aber nicht gleichzeitig tun können. »[W]e cannot precisely know both a particle's position and its momentum at the same time. If we have been able to ascertain one parameter, the other must necessarily remain unknown.« (Bruce Fink, *The Lacanian Subject. Between Language and Jouissance*, Princeton: Princeton University Press 1995, S. 133-134.)

[65] Jacques Lacan, *Das Seminar, Buch III (Die Psychosen)*, Berlin: Quadriga 1997, S. 159.

[66] Žižek schreibt: »Auf gewisse Weise konzentriert sich die ganze psychoanalytische Erfahrung auf die Spuren dieses traumatischen Übergangs aus jener ›Nacht der Welt‹ in unser tägliches Universum des *lógos*.« (TS, 52)

[67] Žižek erwähnt *Being There* in dem Dokumentarfilm von Astra Taylor *Žižek!* (2006).

[68] Im Laufe des Filmes macht *Chance, the Gardner* eine Namensumwandlung durch: aus *Chance, the gardner* wird *Chancey Gardner*.

[69] »Das Phantasma [des unmöglichen Blickes] ist ein Beweis *a contrario*, dass der Status des Subjekts der eines ›missing link‹ ist, eines Leeren, das innerhalb des synchronen Ganzen Platzhalter seiner ausgeschlossenen, diachronen Genese ist.« (SW, 210)

[70] Jacques Lacan, *Écrits*, Paris : Seuil 1966, S. 620-641.

[71] Jacques Lacan, *Das Seminar, Buch III (Die Psychosen)*, Berlin: Quadriga 1997, S. 100.

[72] Georg Wilhelm Friedrich Hegel, *Differenz des Fichteschen und Schellingschen Systems der Philosophie*, in: Ders., *Werke in zwanzig Bänden*, Band 2, herausgegeben von Eva Moldenhauer / Karl Markus Michel, Frankfurt a.M. 1969-71, S. 52.

[73] Slavoj Žižek, »The Seven Veils of Fantasy«, in: Dany Nobus (Hg.), *Key Concepts of Lacanian Psychoanalysis*, 2. Auflage, New York: Other Press 1999, S. 190-217, hier: S. 191.

[74] Franz Kafka, *Hochzeitsvorbereitungen auf dem Lande und andere Prosa aus dem Nachlaß*, herausgegeben von M. Brod, New York/Frankfurt a.M.: S. Fischer Verlag 1980, S. 260.

[75] Jacques Lacan, *Écrits*, Paris: Seuil 1966, S. 797.

[76] In der politischen Philosophie setzt sich Žižek jedoch sehr deutlich von ihnen ab. Besonders in seiner Verteidigung eines universalistischen Wahrheitsbegriffes. Er kritisiert an einer sich der poststrukturalistischen Theorie verschriebenen linken Elite, sich in der Adaptation strukturalistischer Modelle in die Trance einer politischen Lähmung manövriert zu haben und für keine »fundamental« oder »totalitarian causes« mehr kämpfen zu wollen.

[77] In den folgenden Ausführungen verdanke ich viele Einsichten dem hervorragenden Artikel von Raul Moncayo: »The Partial Object, The Ideal Ego, The Ego-Ideal, and the Empty Subject. Four degrees of Differentiation within Narcissism«, in: *Psychoanalytic Review*, 93 (4), August 2006, S. 565- 602.

[78] Das Kind betrachtet sich im Spiegel und begrüßt sein Bild mit einer Geste der Verzückung. Es begegnet sich zum ersten Mal selbst. Diese Begegnung ist ein Anlass zur Freude, weil sich das Kind im Spiegel zum ersten Mal vollständig sieht, anstatt ›zerstükkelt‹ aus der Leibperspektive.

[79] In der ersten Phase primären Narzissmus, bevor das Subjekt ein Begehren für das mütterliche Objekt haben kann, ist das körperliche Ego des Kindes selbst »objet petit a« der Mutter. Aus diesem Grund wird Lacan sagen, dass das Ego im Objekt enthalten ist. Hier repräsentiert das Kind als Objekt nicht nur die Homöo-

stase ungeborenen Lebens, sondern auch die libidinöse Investition der Mutter in den Fötus. Der Fötus wird zur Objektursache des Begehrens der Mutter. Der ganze Körper des Kindes wird ein Teil der Mutter, während nach der Geburt ein Teil des Körpers der Mutter (die Brust) den Körper der Mutter als Ganzes repräsentierten. »Objet petit a« ist nicht nur Objektursache des Begehrens für ein Subjekt (eine Beziehung die Lacan 1958 mit der Formel $<> a beschreiben wird), weil das Ego selbst, bevor es Subjekt wird, zuerst Objekt ist, mit anderen Worten: Begehrensobjekt der Mutter. Die Tatsache, dass das körperliche Ego erst ein Objekt ist, hat doppelte Bedeutung, die von den beiden Seiten der Mutter-Kind Beziehung aufrechterhalten wird. Das Kind identifiziert sich mit dem Teil-Objekt der Mutter, weil diese das Kind ihrerseits als ihr Teil-Objekt identifiziert hat. Lacan liefert eine Liste von Teilobjekten, die unter die Kategorie von »objet petit a« fallen. Unter ihnen sind: Brust, Fäzes, Phallus, die Stimme und der Blick. Alle diese Teilobjekte haben die Qualität, Objektursachen des Begehrens und gleichzeitig verloren worden zu sein. Lacan zählt zwar das Kleinkind nicht dazu, spricht aber vom Baby als »l'petit a«.

[80] Jacques Lacan, *Das Seminar, Buch III (Die Psychosen)*, Berlin: Quadriga 1997, S. 148.

[81] Sigmund Freud, *Drei Abhandlungen zur Sexualtheorie* (1905), in: Ders., *Studienausgabe*, Bd. V, Frankfurt a.M.: S. Fischer Taschenbuch 1982.

[82] Sigmund Freud, *Die Verneinung*, in: Ders., *Studienausgabe*, Bd. III, S. 371-377, hier: S. 375.

[83] Ebenda S. 375.

[84] »Diese Lamelle ist etwas Extraflaches, das sich fortbewegt«, schreibt Lacan metaphorisch, »fortschiebt wie eine Amöbe.« Jacques Lacan, *Das Seminar, Buch XI (Die vier Grundbegriffe der Psychoanalyse)*, Berlin: Quadriga 1996, S. 207. Lacan nennt die Libido ein Organ und weist gleichzeitig darauf hin, dass es als ein ›irreales Organ‹ anzusehen sei. Das Moment der Irrealität unterstreicht das Faktum, dass »hier eine Art Verbindung mit dem Realen besteht, die wir nicht fassen können« (Ebd, S. 21).

[85] Jacques Lacan, *Das Seminar, Buch XI (Die vier Grundbegriffe der Psychoanalyse)*, Berlin: Quadriga 1996, S. 207.

[86] »The gaze marks the point in the object (in the picture) from which the subject viewing it is already *gazed at*, i.e., it is the object that is gazing at me. Far from assuring the self-presence of the

subject and his vision, the gaze functions thus as a stain, a spot in the picture disturbing its transparent visibility and introducing an irreducible split in my relation to the picture [...]« (LA, 125).

[87] Jacques Lacan, *Das Seminar, Buch I (Freuds technische Schriften)*, Berlin: Quadriga 1990, S. 272.

[88] Jacques Lacan, *Das Seminar, Buch XI (Die vier Grundbegriffe der Psychoanalyse)*, Berlin: Quadriga 1996, S. 110.

[89] Lacan behauptet, dass das »objet petit a« dem Blick entspricht, wo dieser als »das zentrale Fehlen des Begehrens [...] im Feld des Sichtbaren ist« (Jacques Lacan, *Das Seminar, Buch XI (Die vier Grundbegriffe der Psychoanalyse)*, Berlin: Quadriga 1996, S. 112).

[90] Jacques Lacan, *Das Seminar, Buch XI, (Die vier Grundbegriffe der Psychoanalyse)*, Berlin: Quadriga 1996, S. 136.

[91] Ebenda, S. 136.

[92] Für Lacan ist die Übertragung nicht nur Teil einer psychoanalytischen Theorie: »Keineswegs aber ist auszuschließen, dass es auch da, wo kein Analytiker am Horizont auftaucht, zu Übertragungsphänomenen kommen kann, die genau die gleiche Struktur haben wie das Spiel der Übertragung in der Analyse« (Jacques Lacan, *Das Seminar, Buch XI, (Die vier Grundbegriffe der Psychoanalyse)*, Berlin: Quadriga 1996, S. 131.)

[93] Jacques Lacan, *Das Seminar, Buch XI (Die vier Grundbegriffe der Psychoanalyse)*, Berlin: Quadriga 1996, S. 136.

[94] Ebenda, S. 137.

[95] Ebenda, S. 150.

[96] Ebenda, S. 154.

[97] Ich verdanke diese Erkenntnis Evelyn Jaffe Schreiber. Vgl. Evelyn Jaffe Schreiber: »Reader, Text, and Subjectivity: Tony Morrison's ›Beloved‹ as Lacan's Gaze qua Object« (*Style*, Fall 1996).

[98] Michel Chion, *La voix au cinéma*, Paris : Édition de l'étoile 1982, S. 116-123.

[99] Immanuel Kant, *Kritik der reinen Vernunft*, Hamburg: Meiner Verlag 1990, A 346.

[100] Alenka Zupančič, *Ethik des Realen. Kant und Lacan*, Wien: Turia + Kant 1995, S. 29.

[101] Ebenda, S. 29.

[102] Ebenda, S. 29.

[103] Kant schreibt: »Jene transzendentalen Fragen aber, die über die Natur hinausgehen, würden wir bei allem dem doch niemals beantworten können, wenn uns auch die ganze Natur aufgedeckt wäre, da es uns nicht einmal gegeben ist, unser eigenes Gemüt mit einer anderen Anschauung, als die unseres inneren Sinnes, zu beobachten. Denn in demselben liegt das Geheimnis des Ursprungs unserer Sinnlichkeit. Ihre Beziehung auf ein Objekt, und was der transzendentale Grund dieser Einheit sei, liegt ohne Zweifel zu tief verborgen, als daß wir, die wir sogar uns selbst nur durch inneren Sinn, mithin als Erscheinung, kennen, ein so unschickliches Werkzeug unserer Nachforschung dazu brauchen könnten, etwas anderes, als immer wiederum Erscheinungen, aufzufinden, deren nichtsinnliche Ursache wir doch gern erforschen wollten.« (Immanuel Kant, *Kritik der reinen Vernunft*, Hamburg: Meiner Verlag 1990, A 278.)

[104] Adrian Johnston, »Revulsion is not without its subject: Kant, Lacan and Žižek and the Symptom of Subjectivity«, in: *International Journal of Žižek Studies*, Vol. 1, (2007), S. 121.

[105] Das Zitat geht wie folgt weiter: »To put it in Kantian terms: because of the inaccessibility of the Thing in itself, there is always a gaping hole in (constituted, phenomenal) reality, reality is never ›all‹, its circle is never closed, and this void of the inaccessible Thing is filled out with phantasmagorias through which the transphenomal Thing enters the state of phenomenal presence – in short, prior to the Kantian turn, there can be no black hulk at the background of the stage.« (E!, 136)

[106] Jacques Lacan, *Das Seminar, Buch XI, (Die vier Grundbegriffe der Psychoanalyse)*, Berlin: Quadriga 1996, S. 209.

[107] Alenka Zupančič schreibt: »Transcendental illusion is the name for something that appears where there should be nothing. It is not the illusion of something, it is not a false or distorted representation of a real object. Behind this illusion there is no real object; there is only nothing, the lack of an object. The illusion consists of something in the place of nothing, it involves deception by the simple fact that it is, that it appears.« (Alenka Zupančič, »On Love as Comedy«, in *Lacanian Ink*, Nr. 20. Spring 2002, S. 69.)

[108] Vgl. Alenka Zupančič, »Ethics and tragedy in Lacan«, in: Jean-Michel Rabaté (Hg.), *The Cambridge Companion to Lacan*,

Cambridge: Cambridge University Press 2003, S. 171-193, hier: S. 183.

[109] Lacan, *Das Seminar, Buch VI (Die Ethik der Psychoanalyse)*, Berlin: Quadriga 1996, S. 69.

[110] Im Seminar VII spricht Lacan von dem *Ding* auch als das verbotene Objekt inzestuösen Begehrens der Mutter.

[111] Bernard Baas, *Das reine Begehren*, Wien: Turia + Kant 1995, S. 47.

[112] Jacques Lacan, *Das Seminar, Buch VII (Die Ethik der Psychoanalyse)*, Berlin: Quadriga 1996, S. 131.

[113] »What we have here is a kind of heroism of the lack: the aim of the psychoanalytic cure is to induce the subject to assume his constitutive lack heroically.« (IR, 191)

[114] Dylan Evans, *An Introductory Dictionary of Lacanian Psychoanalysis*, New York/London: Routledge 1996, S. 46.

[115] Jacques Lacan, *Das Seminar, Buch VII (Die Ethik der Psychoanalyse)*, Berlin: Quadriga 1996, S. 316.

[116] Ebenda, S. 338f.

[117] Sigmund Freud, »Entwurf einer Psychoanalyse«, in: Ders., *Aus den Anfängen der Psychoanalyse: Briefe an Wilhelm Fliess. Abhandlungen und Notizen aus den Jahren 1887-1902*, Frankfurt a.M.: S. Fischer 1975, S. 337.

[118] Vgl. Frederiek Depoortere, »The End of God's Transcendence? On Incarnation in the Work of Slavoj Žižek«, in: *Modern Theology*, Vol. 23, Nr. 4 (Oktober 2007), S. 497-523, hier: S. 508.

[119] Philippe Van Haute, *Against Adaptation: Lacan's Subversion of the Subject*, New York: Other Press, 2001, S. 151.

[120] Slavoj Žižek, *Das fragile Absolute oder warum es sich lohnt, das christliche Erbe zu verteidigen*, Berlin: Volk und Welt 200, S. 192f.

[121] Ebenda.

[122] Bernard Baas, *Das reine Begehren*, Wien: Turia + Kant 1995, S. 105-141.

[123] Lacan, *Das Seminar, Buch XI, (Die vier Grundbegriffe der Psychoanalyse)*, Berlin: Quadriga 1996, S. 278f.

[124] »[T]he Jewish prohibition only makes sense against the background of this fear that the image would reveal something shattering, that, in an unbearable way, it would be *true* and *adequate*.« (OB, 132)

[125] Siehe Dominik Finkelde, *Politische Eschatologie nach Paulus. Badiou, Agamben, Žižek, Santner*, Wien: Turia + Kant 2007.
[126] Jacques Lacan, *Das Seminar, Buch XI (Die vier Grundbegriffe der Psychoanalyse)*, Berlin: Quadriga 1996, S. 13.
[127]Elisabeth Roudinesco, *Jacques Lacan. Bericht über ein Leben*, Köln: Kiepenheuer und Witsch 1996, S. 453.
[128] Jürgen Habermas, »Ein Bewusstsein, von dem, was fehlt«, in: *Neue Zürcher Zeitung*, 10. Februar 2007.
[129] Analog dazu ist Robert B. Pippins Kritik an Habermas in seinem Artikel: »Hegel, Modernity, and Habermas«, in: *Monist*, Vol. 74, Nr. 3 (1991). Siehe auch Chantal Mouffes Kritik an Habermas' Unterscheidung zwischen »procedural and substantial or between moral and ethical«. Vgl. Mouffe, »Deliberative Democracy or Agnostic Pluralism«, in: *Social Research*, Vol. 66, Nr. 3 (1999), S. 745-758, hier: S. 749.
[130] Mouffe zitiert sie in: Chantal Mouffe, »Deliberative Democracy or Agnostic Pluralism«, in: *Social Research*, Vol. 66, Nr. 3 (1999), S. 749-750. Siehe ebenso: Mouffe, *Democratic Paradox*, London: Verso 2000, S. 97.
[131] Paulus spricht vom »Narrentum um Christi Willen« (1 Kor 4,10).
[132] Jürgen Habermas, *Moralbewusstsein und kommunikatives Handeln*, Frankfurt a.M.: Suhrkamp 1983, S. 146.
[133] »[The ethical act] designates an intervention that changes the very co-ordinates of the ›reality principle‹.« Žižek: *Did Somebody say Totalitarianism? Five Interventions into the (Mis)use of a notion*, London: Verso 2001, S. 167.
[134] In einem analogen Sinne beschreibt Lacan das Ziel der Psychoanalyse als Akt des *Durchstreichens des Phantasmas*, ein Akt, der das Subjekt dazu bringt, das Objekt, das sein Begehren und damit seine Lebensgeschichte fremdsteuert, zu durchbrechen mit dem Ziel, in eine neue symbolische Konfiguration zu treten. Damit die partikulare Forderung begriffen wird, braucht es einen neuen »Herrensignifikanten« (Lacan).
[135] Jürgen Habermas, »Transcendence from Within, Transcendence in this World«, in: Browning / Schüssler Fiorenza: *Habermas, Modernity, and Public Theology*, New York 1992, S. 237. Habermas zitiert hier eine Passage aus *Die neue Unübersichtlichkeit* (Frankfurt a.M.: Suhrkamp 1985, S. 52).

[136] Habermas: »Die *Religion* erschöpft sich darin, eine bestehende rituelle Praxis in Begriffe des Heiligen auszulegen. [...] Der Wertekonsens [innerhalb der Religion] bedarf [...] der sprachlichen Aktualisierung und Kanalisierung in Handlungssituationen; aber die Verständigungsleistungen bleiben so sehr auf eine instrumentelle Rolle beschränkt, dass der Einfluss, den die Struktur der Sprechhandlungen für Art und Zusammensetzung der kulturellen Überlieferung hat, vernachlässigt werden.« (Habermas, »Die rationale Struktur der Versprachlichung des Sakralen«, in: Ders., *Die Theorie kommunikativen Handelns*, Bd.2, S. 118-171, hier S. 133). Siehe auch den Abschnitt: Die Autorität des Heiligen und der normative Hintergrund kommunikativen Handelns, Ebd. S. 69-118. An die Stelle der Religion tritt bei Habermas das kommunikative Handeln. Dabei bezieht er sich bekannterweise auf G. H. Meads Untersuchungen zum Übergang von symbolischer zu normengeleiteter Interaktion ebenso wie auf die Religionssoziologie Durkheims.

[137] Jürgen Habermas, *Zwischen Naturalismus und Religion. Philosophische Aufsätze*, Frankfurt a.M.: Suhrkamp 2006, S. 40.

[138] Jürgen Habermas, »Ein Bewusstsein von dem, was fehlt.«, in: *Neue Zürcher Zeitung*, 10. Februar 2007.

[139] Ebenda. (Hervorhebung D.F.).

[140] Jürgen Habermas, »Transcendence from Within, Transcendence in this World «, in: Browning / Schüssler (Hg.): *Habermas, Modernity, and Public Theology*, New York: Crossroad 1992. S. 236-237.

[141] Jürgen Habermas, *Nachmetaphysisches Denken*, Frankfurt a.M.: Suhrkamp 1992, S. 60.

[142] Gegen diese Vorstellung könnte man einwenden, dass eine Abtrennung des »semantischen Gehalts« der Religion vom »dogmatischen« nicht zu versprachlichenden Kern zu einer »Entsubstanzialisierung« dieses »semantischen Gehalts« selbst führt und die Symbole, Bilder, Narrationen zu freiflottierenden Objekten werden, die der Gefahr der Inbesitznahme durch marktorientierte Strukturen ausgesetzt sind.

[143] Brian Shaw, »Habermas and Religious Inclusion. Lessons from Kant's Moral Theology«, in: *Political Theory*, Vol. 27, Nr. 5 (1999), S. 634-666.

[144] Vgl. Jürgen Habermas, *Theorie des kommunikativen Handelns*, Bd. 2, Frankfurt a.M.: Suhrkamp 1987, S. 118-171.

[145] Jürgen Habermas, »Lawrence Kohlberg und der Neoaristotelismus«, in: Ders., *Erläuterungen zur Diskursethik,* Frankfurt a.M.: Suhrkamp 1991, S. 77-99, hier: S. 85.
[146] Jürgen Habermas, *Zwischen Naturalismus und Religion. Philosophische Aufsätze,* Frankfurt a.M.: Suhrkamp 2006, S. 40.
[147] Ebenda.
[148] Roman Jakobson, *Shifters, Verbal Categories and the Russian Verb*, Cambridge, Massachussetts 1957.
[149] Vgl. Samuel M. Weber, *Rückkehr zu Freud*, Frankfurt a. M.: S. Fischer 1978, S. 134.
[150] Jacques Lacan, *Das Seminar, Buch XI, (Die vier Grundbegriffe der Psychoanalyse),* Berlin: Quadriga 1996, S. 145.
[151] Diese Befähigung wird in einer Anekdote verdeutlicht, die Freud erwähnt und die Lacan und Žižek beschäftigt. In der Freudschen Anekdote erklärt einer von zwei jüdischen Reisenden, welchen Zug er nehmen wird. Auf die Auskunft des einen: »Ich fahre nach Lemberg«, gibt der andere zur Antwort: »Warum sagst du mir, dass du nach Lemberg fährst, wo du wirklich dorthin fährst und mir das sagst, damit ich glaube, du fährst nach Krakau«. (Ebenda, S. 127f.) Lacan entnahm diese Geschichte Freuds »Der Witz und seine Beziehung zum Unbewussten«. Wie ist dieser Witz zu verstehen? Der Jude, der Lemberg als sein Reiseziel nennt, lügt, indem er die Wahrheit sagt. Er täuscht nur vor, vorzutäuschen. Er nutzt die Möglichkeit, über die potentielle Wirkung seiner Täuschung zu urteilen und auf die antizipierte Reaktion des anderen seinerseits zu reagieren. Vgl. dazu Gottfried Teichmann, *Psychoanalyse und Sprache. Von Saussure zu Lacan*, Würzburg: Königshausen und Neumann 1983, S. 113-116.
[152] Jacques Lacan, *Écrits*, Paris : Seuil 1966, S. 892.
[153] Jürgen Habermas, *Moralbewusstsein und kommunikatives Handeln*, Frankfurt a.M.: Suhrkamp 1983, S. 147.
[154] Ebenda, S. 146.
[155] Jean Laplanche, *New Foundations for Psychoanalysis*, Oxford: 1989, S. 130.
[156] Eric Santner, »Miracles Happen: Benjamin, Rosenzweig, Freud, and the Matter of the Neighbor«, in: Žižek / Santner / Reinhard (Hg.), *The Neighbor. Three Inquires in Political Theology*, Chicago: University of Chicago Press 2005, S. 93.
[157] Wie Richard Boothby treffend sagt: »Every entrance into language, every sounding of the world's call, implicitly invites

the eruption of something uncalled for. Symbolically mediated exchange is therefore very aptly called ›dis-cours‹, if we hear in this word a possibility of losing or being diverted from the track of any preconceived course [...] This essential waywardness of the signifier, linked to what Lacan calls the ›incessant sliding of the signifier‹ binds the functions of speech to the experience of death.« (Richard Boothby, *Freud as Philosopher. Metapsychology after Lacan*, New York/London:Routledge 2001, S. 157.)

[158] Vgl. Jürgen Habermas, *Erkenntnis und Interesse*, Frankfurt a.M.: Suhrkamp 1971, S. 262-300. Siehe zum Verhältnis von Freud und Habermas den lehrreichen Artikel von Rainer Nägele: »Freud, Habermas, and the Dialectic of Enlightenment: On Real and Ideal Discourses«, in: *New German Critique*, 22 (Special Issue on Modernism), 1981, S. 41-62.

[159] Jürgen Habermas, *Zwischen Naturalismus und Religion. Philosophische Aufsätze*, Frankfurt a.M. 2006, S. 35.

[160] Ebenda.

[161] TS, 410.

[162] Jürgen Habermas, *Die Theorie kommunikativen Handelns*, Frankfurt a.M.: Suhrkamp 2006. Bd. 1, S. 106.

[163] Die Individuierung beschreibt Habermas im Anschluss an Mead als einen *Prozess der Vergesellschaftung*. In ihm übernimmt das Individuum durch Sprache gesellschaftlich vorgeprägte Einstellungen zur sozialen und subjektiven Welt. Habermas, »Treffen Hegels Einwände gegen Kant auch auf die Diskursethik zu?«, in: Ders., *Erläuterungen zur Diskursethik*, Frankfurt a.M.: Suhrkamp 1992, S. 9-30.

[164] Habermas kritisiert selbst an der Moraltheorie Kants, dass diese noch immer von einem »atomistischen Begriff der Person« ausgeht und die Person als »Eigentümer ihrer selbst vorgestellt wird [...] Das führt zur Abstraktion von einer Sittlichkeit, die nur in partikularen Lebensformen konkrete Gestalt annehmen kann.« (Jürgen Habermas, »Lawrence Kohlberg und der Neoaristotelismus«, in: Ders., *Erläuterungen zur Diskursethik*, Frankfurt a.M. 1991, S. 77-99, hier: S. 86-87.)

[165] Žižek kann (und will) kein Kriterium angeben, mit dem wir zwischen Wahn und »Wahrheit« noch unterscheiden können. Und ein Beispiel für die moralisch bedenklichen Prämissen von Žižeks politischer Philosophie mag seine Einschätzung der Oktoberrevolution als einem wahren Ereignis sein. Vgl. Žižek : TS 88-190.